COMUNICACIÓN
LA CLAVE PARA SU MATRIMONIO

Una

guía práctica

para crear

una relación

feliz y

satisfactoria

H. NORMAN WRIGHT
Su consejero matrimonial y familiar de confianza

Publicado por
Editorial Unilit
Miami, Fl. 33172
Derechos reservados

© 2002 Editorial Unilit (Spanish translation)
Primera edición 2002

© 2000 por H. Norman Wright
Originalmente publicado en inglés con el título: *Communication: Key To Your Marriage* por
Regal Books, una división de
Gospel Light Publications,
Ventura, California 93003, USA.
Todos los derechos reservados.

Traducido al español por: Cecilia Romanenghi de De Francesco

Citas bíblicas tomadas de
La Santa Biblia, revisión 1960 © Sociedades Bíblicas Unidas;
"La Biblia al Día" © 1979 International Bible Society;
"Dios Habla Hoy" © 1996 Sociedades Bíblicas Unidas.
Usadas con permiso.

Producto 495159
ISBN 0-7899-0892-1
Impreso en los Estados Unidos de América
Printed in the United States of America

Contenido

LO QUE SE ESPERA DEL MATRIMONIO

Capítulo uno

¿Por qué se casó? ¿Puede recordar aquella época en la que su vida estaba llena de sueños, de expectativas y de esperanzas en cuanto al futuro? ¿Qué papel representaba el matrimonio en aquellos sueños y esperanzas? ¿Qué esperaba del matrimonio? Tal vez, su respuesta incluya una o más de las siguientes declaraciones:

- Deseaba compartir las experiencias de la vida con alguien.
- Deseaba a alguien que me ayudara a ser feliz.
- Deseaba pasar mi vida con alguien a quien amar y que me amara.
- Deseaba completar lo que faltaba en mi propio hogar.
- Deseaba ser fiel a Dios y amar a la persona que él eligiera para mí.
- No deseaba terminar la vida solo, especialmente al envejecer. El matrimonio me daba esa seguridad.

Todas estas cosas son los beneficios complementarios del matrimonio, pero ninguno es lo suficientemente fuerte como para constituir el fundamento del mismo.

Muchos se lanzan al matrimonio sin comprender cabalmente el compromiso que asumen para el resto de sus vidas. Esa es la razón por la cual las parejas experimentan sorpresas y desilusiones a lo largo de lo que dure su matrimonio.

Diversos escritores cristianos han dado definiciones de lo que es un «matrimonio cristiano». Wayne Oates dice: «El matrimonio es un pacto de amor responsable, un intercambio de arrepentimiento y perdón».

David Augsburger define al matrimonio preguntando primero: «¿El matrimonio es una acción privada entre dos personas que se aman o es un acto público en el cual se comprometen a cumplir un contrato?» Luego, prosigue diciendo: «Ninguna de las dos cosas. Es algo diferente, ¡muy diferente!»

> En esencia, el enfoque cristiano del matrimonio no lo ve primaria ni esencialmente como un contrato vincular legal y social. El cristiano interpreta al matrimonio como un pacto que se realiza delante de Dios y en presencia de los miembros de la familia cristiana. Este compromiso no dura por la fuerza de la ley o por temor a sus sanciones, sino porque se ha hecho un pacto incondicional. Un pacto más solemne, más vinculante y más permanente que cualquier contrato legal.[1]

Algunos sicólogos, consejeros matrimoniales y ministros han sugerido que el matrimonio es un contrato, y muchas personas aceptan esta idea. Pero, ¿realmente es verdad?

En todo contrato existen ciertas cláusulas condicionales. Un contrato entre dos partes, se trate de una compañía o de individuos, lleva implícita la responsabilidad de cada parte de cumplir con lo que le corresponde del trato. Consta de cláusulas condicionales, las que comienzan con *si*... (si usted hace esto, la otra persona debe hacer esto otro). Tanto en la relación matrimonial como en la ceremonia de casamiento no existen cláusulas condicionales.

Los votos matrimoniales no afirman: «Si el esposo ama a su esposa, entonces ella continuará cumpliendo con el contrato», o: «Si la esposa se sujeta a su esposo, entonces él seguirá adelante con el contrato». El matrimonio es un compromiso incondicional en el que entran dos personas.

En la mayoría de los contratos, existen *cláusulas de excepción*. Estas dicen que si una de las partes no cumple con sus responsabilidades, entonces la otra queda exenta de las suyas. Si una de las personas no vive de acuerdo con las normas del contrato, la otra puede deshacerlo. En el matrimonio, no existe la cláusula de excepción.

Entonces, si el matrimonio no es un contrato, ¿qué es? Es un compromiso incondicional que adquieren un hombre y una mujer *de por vida*.

Qué es lo que hace que el matrimonio dure

La palabra «compromiso» significa muchas cosas diferentes para las distintas personas. Para algunos, la fuerza de su compromiso varía de acuerdo a cómo se sienten emocional o físicamente. La palabra «comprometerse» es un verbo que implica hacer o realizar. No está basada en primer lugar en los sentimientos. Es una promesa o compromiso vincular. Es un compromiso privado que también se hace de manera pública. Es un compromiso que debe llegar a su culminación, sin importar los obstáculos que haya en el camino. Se trata de entregar la totalidad del ser a otra persona. Es verdad, es un riesgo, pero hace que la vida sea plena y satisfactoria.

El compromiso le pide que se olvide de sus sueños de niño de una aceptación incondicional de parte de su cónyuge y de las expectativas de que él o ella satisfagan todas sus necesidades y borren todas las desilusiones de su infancia. Debe esperar que su cónyuge a veces lo desilusione y debe aprender a aceptarlo y no usarlo como una razón para desconectar el enchufe.[2]

> COMPROMETERSE ES MÁS QUE MANTENERSE; ES MÁS QUE AGUANTAR HASTA EL FINAL, SUFRIENDO POR HABER ELEGIDO MAL AL CÓNYUGE. COMPROMETERSE ES INVERTIR: TRABAJAR PARA QUE LA RELACIÓN CREZCA.

Tal vez, la mejor manera de describir el compromiso sea compararlo con el salto al vacío atado con una cuerda elástica. Si alguna vez ha saltado, sabrá que cuando se salta de la plataforma, uno tiene el compromiso de seguir adelante. No hay más tiempo para pensar o para cambiar de idea. No hay vuelta atrás.

Un amigo me contó qué era lo que había hecho durar su matrimonio. Me dijo: «Norm, los dos teníamos un compromiso el uno con el otro y con el matrimonio. Cuando el compromiso del uno hacia el otro decrecía, el compromiso con el matrimonio fue lo que nos hizo seguir juntos».

A algunas personas les parece que comprometerse con alguien hasta la muerte suena idealista. Se comprometen cuando les viene bien y cuando no les provoca inconvenientes; pero cuando surgen ciertos problemas, el compromiso ya no es válido.

Comprometerse es más que mantenerse; es más que aguantar hasta el final sufriendo por haber elegido mal al cónyuge. Comprometerse es invertir: trabajar para que la relación crezca. No se trata simplemente de aceptar y tolerar las maneras negativas y destructivas de relacionarse del cónyuge; se trata de trabajar hacia un cambio; se trata de permanecer unidos a pesar de las circunstancias. Escuche la historia de una esposa.

En 1988 me diagnosticaron el virus de Epstein-Barr (síndrome de fatiga crónica). Mi vida cambió por completo. Antes había estado llena de entusiasmo y dinamismo. Mi esposo,

Hugo, ha permanecido a mi lado y se ha convertido en mi protector a lo largo de estos años de ajuste. Se hizo cargo de nuestra familia cuando mis fuerzas no me permitían estar al frente. Me ha tomado de la mano a través de la depresión, incluyendo diez días que pasé en el hospital. Me ha insistido en que necesito descansar, aunque esto aumentara la carga que recaía sobre él. Ha pagado el precio de todos los medicamentos que encontramos que prometieran un alivio, sin importar cuál fuera su costo. Ha sido más que un esposo, ha sido mi mejor amigo, un amigo que ha estado más cerca que cualquier otro miembro de la familia. Cuando lo conocí, fue mi caballero con su lustrosa armadura y lo ha seguido siendo a lo largo de los catorce años y medio de matrimonio. Algunas veces, le digo que ha sido mi salvación, porque no sé si todavía seguiría adelante si no fuera por su fortaleza. No sé si seguiría caminando con el Señor si no fuera por su aliento. Conocerlo ha sido la experiencia más grandiosa de mi vida.

Cuando la vida cambia

A lo largo de la vida matrimonial habrá altibajos. Habrá grandes cambios —algunos previsibles, otros no— que retienen el potencial del crecimiento tanto como del riesgo. Muchos matrimonios mueren porque hay muchas personas que prefieren pasar por alto el hecho ineludible de que las relaciones y la gente cambian.

Una esposa contó lo siguiente acerca de la manera de tratar con los riesgos, como así también con el potencial para el crecimiento:

Como hemos estado casados durante cincuenta años, se puede imaginar por cuántos cambios hemos pasado: tres guerras, once presidentes, cinco recesiones, pasar de los viejos automóviles a los viajes a la luna, de los caminos rurales a las superautopistas de la información. Aunque estos cambios que se produjeron a nuestro alrededor han sido grandes, los cambios personales que Dios ha hecho dentro de cada uno de nosotros han sido mayores. Aunque no siempre podíamos ver la manera en que Dios obraba en nuestras vidas en aquel entonces, ahora miramos hacia atrás y nos damos cuenta de que nuestro matrimonio ha sido una escuela de desarrollo del carácter. Dios ha usado a mis esposo en mi vida y me ha usado a mí en la suya para hacernos más parecidos a Cristo. Por lo tanto, ¿cuáles son las lecciones que hemos aprendido acerca de cómo usa Dios al matrimonio para cambiarnos? Son muchas. A lo largo de cincuenta años de matrimonio hemos aprendido que las diferencias hacen que nos desarrollemos, que las crisis nos cultivan y que el ministerio nos fusiona.

En primer lugar, Dios ha usado nuestras diferencias para ayudarnos a crecer. Ha habido muchas, muchas crisis que Dios ha usado para hacer que crezcamos y que nos desarrollemos. La primera fue la más grande: la crisis de tener que separarnos cuando recién nos habíamos casado. Nuestro romance se desarrolló en tiempos de guerra. Nos conocimos en la iglesia, salimos juntos dos meses y nos casamos a las tres semanas de habernos comprometido; y justo a los dos meses de matrimonio, no nos vimos más durante los dos años siguientes ya que a Jimmy lo embarcaron con rumbo al Pacífico sur durante la Segunda Guerra Mundial. Cuando regresó, éramos un par de extraños, ¡pero estábamos casados!

¿Cómo hubiera manejado esta situación?

Pienso que los siguientes comentarios de una esposa ilustran la expresión de amor y compromiso de toda una vida.

Las escenas de muerte de la vida real no se parecen en nada a las de las películas. Mi esposo, que era demasiado alto para una cama de tamaño regular, yacía con los pies fuera de las cobijas. Yo me aferraba a los dedos de sus pies como si esto fuera a salvarle la vida. Lo hacía de tal manera que si fracasaba en mis intentos por salvarlo de caer por el abismo del presente, del aquí y ahora, nos iríamos juntos. Así eran las cosas en el otro mundo de la unidad de cuidados intensivos...

Parecía que todo el mundo se había sumergido en la noche; frío y oscuridad. No era un lugar al cual uno entraría voluntariamente. Los médicos trataban de ser amables. Sus ojos decían: «Esto se nos escapa de las manos. No hay nada que podamos hacer».

Una enfermera con una suave tonada jamaiquina me puso una manta rosa sobre los hombros. Alguien susurró: «Es solo cuestión de minutos».

Solo cuestión de minutos para decirnos el uno al otro cualquier cosa que nos hubiéramos olvidado de decir. Solo una cuestión de minutos para hacer un balance de nuestros días juntos. ¿Nos habíamos amado lo suficientemente bien?[3]

La perspectiva de Dios con respecto al matrimonio

¿Qué es lo que la Palabra de Dios dice acerca del matrimonio? Génesis 2:18-25 nos enseña que el matrimonio fue idea de Dios y que tenía varios propósitos divinos en mente.

Y dijo Jehová Dios: No es bueno que el hombre esté solo; le haré ayuda idónea para él. Jehová Dios formó, pues de la tierra toda bestia del campo, y toda ave de los cielos, y las trajo a Adán para que viese cómo las había de llamar; y todo lo que Adán llamó a los animales vivientes, ese es su nombre. Y puso Adán nombre a toda bestia y ave de los cielos y a todo ganado del campo; mas para Adán no se halló ayuda idónea para él. Entonces Jehová Dios hizo caer sueño profundo sobre Adán, y mientras éste dormía, tomó una de sus costillas, y cerró la carne en su lugar. Y de la costilla que Jehová Dios tomó del hombre, hizo una mujer, y la trajo al hombre. Dijo entonces Adán: Esto es ahora hueso de mis huesos y carne de mi carne; ésta será llamada Varona, porque del varón fue tomada. Por tanto, dejará el hombre a su padre y a su madre, y se unirá a su mujer, y serán una sola carne. Y estaban ambos desnudos, Adán y su mujer, y no se avergonzaban.

Compañerismo

Dios creó el matrimonio para que exista el *compañerismo*. Como comentó John Milton: «La soledad fue la primera cosa que a los ojos de Dios no estuvo bien». La soledad y el aislamiento se contradicen con el propósito del acto creativo de Dios. Él creó al hombre para que viviera con otros, y la primera «otra» fue la mujer.

Cuando Dios dijo que no era bueno que el hombre estuviera solo, quiso decir que no era bueno de ninguna manera.

No era bueno desde el punto de vista físico; no había un compañero.

No era bueno desde el punto de vista emocional; no había nadie con quien compartir.

No era bueno desde el punto de vista espiritual.

Complementación

Dios creó el matrimonio para que ambos se *complementen*. La mujer debía ser una «ayuda idónea para él» (v. 18). La mujer ayuda al hombre haciendo que su vida (y la suya propia) sean completas. Llena los lugares vacíos. Comparte la vida con él y lo saca de sí mismo para entrar en una zona más amplia de contacto a través del compromiso que tienen el uno para con el otro. Ella es quien puede entrar en un compañerismo responsable. Los compañeros en una relación matrimonial cumplen en verdad el propósito de Dios de la complementación y la integración en la vida.

Comunicación

El compañerismo y la complementación que Dios pensó para el matrimonio crece a partir de la *comunicación*, a medida que dos personas comparten cada día el significado de sus vidas. Como dice Dwight Small: «La esencia de un matrimonio es el sistema de comunicación ... Pero ninguna pareja comienza su matrimonio con un alto nivel de comunicación. No es algo que se trae ya listo al matrimonio, sino que hay que cultivarlo continuamente a través de todas las experiencias de la vida compartida».[4] El compañerismo satisfactorio y la sensación de complementación se desarrollan a medida que un esposo y una esposa aprenden a comunicarse con apertura y comprensión. A Andre M. Aurois se le atribuye la frase que dice que un matrimonio feliz es una larga conversación que siempre parece demasiado breve. ¿Qué me dice? ¿De qué manera se siente identificado con esta afirmación?

Al intercambiar los votos matrimoniales, las palabras «dejar» y «unirse» se convirtieron en parte de su vida. ¿Comprende el significado de estas palabras? Dejar significa cortar con una relación antes de establecer otra. Esto no quiere decir que se olvide de sus padres. Más bien, se deben romper los lazos que lo unen a ellos y asumir la responsabilidad para con su cónyuge.

Unirse significa soldarse el uno con el otro. Cuando el hombre se une a su mujer, se convierten en una sola carne. Este término es una hermosa descripción condensada de la unidad, la complementación y la permanencia que Dios tenía en mente al crear la relación matrimonial. Sugiere una unidad única: el compromiso total con la intimidad en todas las áreas de la vida juntos, simbolizada en la unión sexual.

Años atrás, escuché una descripción selecta de lo que implica la unión. Si sostiene un trozo de arcilla de color verde oscuro en una mano y un trozo de arcilla de color verde claro en la otra, claramente puede identificar las dos variedades del color. Sin embargo, cuando se los moldea juntos, a primera vista se ve un solo trozo de arcilla verde. Al inspeccionar el trozo más de cerca, se pueden ver las distintas vetas separadas de arcilla verde oscuro y verde claro.

Esta es una imagen de su relación matrimonial. Los dos se entrelazan de tal manera que parecen uno, pero, sin embargo, cada cual retiene su identidad y personalidad distinta. Pero ahora, adquieren una personalidad matrimonial que existe en los dos.

Un matrimonio cristiano es más que la unión de dos personas. También incluye a un tercero, Jesucristo, que es el que le da significado, guía y dirección a la relación. Cuando él preside un matrimonio, entonces y solo entonces se trata de un matrimonio cristiano.

A partir de su boda, ¿cómo ha manejado la cuestión de dejar a los padres? ¿De qué manera se ha convertido en una sola carne con su cónyuge, uniéndose y a la vez reteniendo lo que son como individuos? ¿Por qué no hablar de esto?

¿Cuál es su plan?

Piense en el tiempo antes de casarse.

1. ¿Cómo pensaba que sería el matrimonio? ¿Resultó ser lo que esperaba?
2. ¿Usted y su cónyuge tenían diferentes expectativas en cuanto al matrimonio? ¿Cómo descubrieron las diferencias? ¿Han hablado directamente acerca de estas diferencias?
3. Esperaba que el matrimonio cambiara mi estilo de vida en...
4. Creo que mi cónyuge esperaba que yo fuera...
5. Esperaba que mi cónyuge fuera más...

Notas

1. David Augsburger, *Cherishable: Love and Marriage* (Scottdale, Penn.: Herald Press, 1971), pág. 16.
2. Rebecca Cutter, *When Opposites Attract* (Nueva York: Dutton, 1994), pág. 189, adaptado.
3. Barbara Ascher, «Above All, Love,» *Redbook* (Febrero 1992), n.p.
4. Dwight Harvey Small, *After You've Said «I Do»* (Grand Rapids, Mich.: Fleming H. Revell, 1968), págs. 11, 16.

¿QUÉ ES EL MATRIMONIO?

Capítulo dos

Si alguien le pide que defina qué *es* el matrimonio, ¿qué le respondería? Consideremos una serie de factores que hacen que el matrimonio sea lo que es:

El matrimonio es un regalo.

El matrimonio es una oportunidad de aprender cómo amar.

El matrimonio es un viaje en el cual nosotros, como viajeros, nos enfrentamos a muchas decisiones y somos responsables por ellas.

El matrimonio se construye teniendo como base el compromiso de comunicarse. Tenemos que aprender a hablar el lenguaje de nuestro compañero o compañera.

El matrimonio siempre se ve influido, más de lo que nos damos cuenta, por cuestiones sin resolver de nuestro pasado.

El matrimonio es un llamado al servicio.

El matrimonio es un llamado a la amistad.

El matrimonio es un llamado al sufrimiento.

El matrimonio es un proceso de refinamiento. Es una oportunidad para que Dios nos refine y nos transforme en la clase de persona que quiere que seamos.

El matrimonio no es un acontecimiento sino un estilo de vida.

El matrimonio implica intimidad en todas las áreas. Esta intimidad debe alcanzar lo espiritual, lo intelectual, lo social, lo emocional y lo físico.

En este capítulo consideraremos cuatro de estos componentes: el matrimonio como un regalo, como un llamado al servicio, como una relación íntima y como un proceso de refinamiento. Lo que cree acerca del matrimonio y lo que espera de él tiene un efecto directo sobre la comunicación entre usted y su cónyuge.

El matrimonio es un regalo

¿Qué piensa si le digo que usted puede ser el mejor regalo que su cónyuge jamás haya recibido y que su cónyuge puede ser el mejor regalo que usted jamás haya recibido?

Un regalo es un artículo que se selecciona con cuidado y consideración. Su propósito es proporcionarle deleite y satisfacción a la otra persona; es la expresión de un sentimiento profundo por parte del que lo da. Piense con cuánto cuidado y esfuerzo selecciona un regalo. Se pregunta qué será lo que le gusta verdaderamente al receptor, qué le proporcionará deleite, felicidad o alegría. Desea darle algo que le muestre a la otra persona el alcance de lo que siente por ella y cuánto significa para usted.

Como desea que este regalo sea especial y significativo, comienza a buscar en diversos negocios y tiendas, considerando y rechazando varios artículos hasta que aparece el adecuado y entonces lo elige. Invierte tiempo en envolver el regalo; piensa en la mejor manera de presentárselo a la persona para elevar su placer y deleite.

Seleccionar y entregar un regalo involucra entusiasmo y desafío. No solo ha entregado el objeto, también ha dado de su tiempo y energía. Los regalos que generalmente más se aprecian no son los más caros, sino aquellos que reflejan la inversión del que lo entrega al considerar los deseos y gustos de la otra persona.

Usted es un regalo para su cónyuge. Al considerar el hecho de que es un regalo, ¿de qué manera debiera vivir para que su cónyuge sienta que le ha entregado un regalo especial? ¿De qué manera, como regalo, puede ser usado en la vida de su cónyuge para levantarle el espíritu y la perspectiva en la vida?

Desde el punto de vista del receptor, ¿cómo reacciona cuando recibe un regalo especial que le proporciona deleite? Piense en su niñez. ¿Puede recordar el regalo más emocionante o especial que recibió? ¿Puede recordar lo que pensó y sintió cuando lo recibió? ¿Qué trato le dio? ¿Lo cuidó con especial atención y lo protegió para que no sufriera daños? Tal vez, le haya dado un lugar especial de prominencia, cuidándolo con mucho esmero.

Si su cónyuge es un regalo especial para usted, ¿cómo trata a este regalo especial? ¿Se preocupa de darle el cuidado, la atención, la protección más esmerados y un lugar de prominencia en su vida? ¿Su compañero siente que es un regalo especial para usted?

Damos un regalo como una expresión de nuestro amor y como un acto de gracia. No lo damos basándonos en si el receptor lo merece o no.

¿Qué piensa?

1. ¿Cuál es el mejor regalo tangible que su cónyuge le ha dado?
2. ¿Cuál es el mejor regalo intangible que su esposo le ha dado?
3. ¿Qué regalo le gustaría darle a su cónyuge?
4. ¿Qué es lo que su cónyuge aprecia?

El matrimonio es servicio

El matrimonio es un llamado al servicio. Este concepto no es muy popular y no se encuentra en lo alto de la lista de prioridades de la mayoría de los matrimonios. Nos gusta mucho más que nos sirvan que servir. Fíjese en lo que la Escritura nos da como un lineamiento para el matrimonio cristiano:

> ¿Pueden los cristianos consolarse unos a otros? ¿Me aman ustedes lo suficiente como para desear consolarme? ¿Tiene algún significado para ustedes el que seamos hermanos en el Señor y participemos del mismo Espíritu? Si alguna vez han sabido lo que es el cariño y la compasión, colmen mi alegría amándose unos a otros, viviendo en armonía y luchando unidos por un mismo ideal y un mismo propósito. No hagan nada por rivalidad ni por vanagloria. Sean humildes; tengan siempre a los demás por mejores que ustedes.
>
> Cada uno interésese no sólo en lo suyo sino también en lo de los demás. Jesucristo nos dio en cuanto a esto un gran ejemplo, porque, aunque era Dios, no demandó ni se aferró a los derechos que como Dios tenía sino que, despojándose de su gran poder y gloria, tomó forma de esclavo al nacer como hombre. Y en su humillación llegó al extremo de morir como mueren los criminales: en la cruz (Filipenses 2:1-8, La Biblia al Día).

Jesús voluntariamente se sometió a convertirse en un sirviente. Pensó en nuestros intereses más que en los suyos. De la misma manera, el apóstol Pablo nos dice: «Someteos unos a otros en el temor de Dios» (Efesios 5:21).

Cabe destacar un punto importante: nunca debemos *demandarle* a nuestro cónyuge que sea nuestro siervo o que viva de acuerdo con las enseñanzas de la Escritura. Si nos parece que debemos

demandarlo o siquiera mencionarlo, entonces nos estamos preo-
cupando más por satisfacer nuestras necesidades que por ser sier-
vos. Si un hombre demanda que su esposa lo vea como la cabeza
de la familia, entonces —diciéndolo sin rodeos— ¡ha perdido la
cabeza y el puesto! Los versículos 22-25 de Efesios 5 dicen que
para que un hombre sea la cabeza, debe amar a su esposa como
Cristo amó a la iglesia y se entregó a sí mismo por ella. Esto significa amor sacrificado: servicio.

¿Quién se somete a quién?

La palabra griega traducida como «someteos» en Efesios 5:2 es
hupotassō. También se traduce como «sujetarse» y se usa varias veces
en el Nuevo Testamento. La forma activa de este verbo es un término militar. Se refiere a una sumisión que se impone desde afuera,
basada en el rango o la posición de alguien, así como un soldado o
un sargento se somete al capitán o al teniente. En la Escritura, la
palabra «upotassö» enfatiza la regla de Jesucristo, tal como lo
encontramos en Romanos 8:20 cuando dice que la creación está
sujeta a Cristo. De nuevo, en 1 Corintios 15:27, en tres ocasiones
se dice que Dios ha puesto todas las cosas bajo los pies de Jesús,
sujetándolas a él. Esto es «hupotassō» en la voz activa.

Sin embargo, la palabra tiene otra forma, la pasiva. En este caso,
la sujeción no es algo que se le impone a usted de manera arbitraria;
es algo que uno hace voluntariamente. En los diversos textos acerca del matrimonio, tales como los que se encuentran en Efesios 5,
Colosenses 3, Tito 2, y 1 Pedro 3, la palabra «hupotassō» se encuentra en la voz pasiva. La sumisión a la que se nos llama en el matrimonio nunca se impone de manera *externa*; es un acto definido de parte
de usted que proviene de su *interior*. Además, es una sumisión
mutua; ¡los involucra a los dos!

Mucho se ha dicho en los últimos años acerca de la relación
entre el marido y la esposa tal como se describe en la Escritura. Con
la llegada del movimiento feminista, que demanda que a la mujer

se la trate igual que al hombre, los estudiosos de la Biblia han luchado con el verdadero significado de pasajes tales como el de Efesios 5. Algunos han interpretado incorrectamente la palabra «someteos» en el sentido militar de la misma, proclamando que la dirección absoluta se encuentra en manos del esposo. Otros, se han ido al otro extremo, diciendo que el esposo y la esposa son iguales, y que la única clase de matrimonio bíblico es el de una asociación de partes iguales. Como suele suceder, luchamos con una de las muchas paradojas de las Escrituras.

Creo que, tal vez, David Small es quien mejor describe los papeles bíblicos de los esposas y las esposas en su libro *Marriage as Equal Partnership* [El matrimonio como una asociación de partes iguales]:

Es bueno que la igualdad entre el esposo y la esposa sea un tema importante de preocupación en nuestros tiempos. De todo corazón estamos a favor de extender la igualdad a todas las facetas de la vida cotidiana; pero hay algo que debemos recordar. La igualdad es un principio entre otros; no aparece solo y en forma incondicional como si fuera la única palabra de Dios para nosotros. Es solo una parte de la ecuación divina. Es cierto, pero no es toda la verdad. Y lo que humanamente nos parece contradictorio, puede ser una paradoja divina. Así, en Efesios 5:21-33 se hace evidente que los esposos y las esposas son iguales en todos los aspectos excepto uno: la autoridad y la responsabilidad.

Como hemos comenzado a ver, esta desigualdad en la autoridad y la responsabilidad se mitiga ya que el esposo lleva esto como su peculiar carga personal delante del Señor. No es algo que se deba envidiar sino que se debe apoyar en oración. Lo que verdaderamente alivia todo temor en la esposa es el llamado al amor mutuo y al servicio como el de Cristo que se encuentra en el corazón de esta relación paradójica. Su belleza, simetría y justicia se despliegan a medida que nos ubicamos dentro de estas condiciones especiales bajo las cuales funciona el matrimonio bíblico.

Que el marido dirija no significa en absoluto que se convierta en dueño, jefe, tirano o autoritario: la fuerza coercitiva dominante. Tampoco implica el control o la restricción, es decir: lo de él vale, lo de ella no. No puede significar que él asume toda prerrogativa de la más alta virtud, inteligencia o habilidad. No quiere decir que él sea activo y ella pasiva, él es el vocero y ella la compañera silenciosa. Tampoco significa que él sea el jefe de la tribu, el gerente de la familia, el que tiene derechos o privilegios superiores. Él no es quien toma las decisiones, quien resuelve los problemas, quien establece las metas, ni tampoco es el director de nadie en la vida familiar. Más bien, es el responsable por el avance conjunto de la familia hacia la libertad y el compañerismo, creando un compañerismo de iguales bajo la responsabilidad de la cabeza.

Un esposo amoroso considerará a su esposa como una compañera completamente igual en todo lo que concierne a su vida juntos. Se asegurará de que su dirección mantenga inviolable esta igualdad entre ambas partes. Ella debe ser su igual en las áreas de contribución, es decir, en la toma de decisiones, en la resolución de conflictos, en la planificación del desarrollo de la familia y en el manejo diario de la vida familiar. Ya sea que se trate de las finanzas, de la disciplina de los hijos o de la vida social, sea lo que sea, ella se encuentra en una condición de igualdad. La dirección amorosa afirma, acata la opinión del otro, comparte; anima y estimula. La dirección amorosa se deleita en delegar sin demandar. Sin embargo, en todo este proceso igualitario, el esposo sabe todo el tiempo que él carga con toda la responsabilidad delante de Dios por el mantenimiento saludable de su matrimonio.[1]

> En la relación esposo-esposa, ser un sirviente es un acto de amor, un regalo que se le da a la otra persona.
>
> No es algo que se demanda.
>
> Es una demostración de fuerza, no de debilidad.

Para decirlo de manera sencilla, la función de un sirviente es asegurarse de que se satisfagan las necesidades de la otra persona. En la relación esposo-esposa, ser un sirviente es un acto de amor, un regalo que se le da a la otra persona. No es algo que se demanda. Es una demostración de fuerza, no de debilidad. Es una acción positiva escogida para mostrar el amor que sienten el uno por el otro.

Por eso, el apóstol Pablo también dijo: «Someteos los unos a los otros» (Efesios 5:21), no limitando el papel de servicio solo a la esposa.

A un sirviente también se le puede llamar un *facilitador*. En este caso, no tiene nada que ver con una disfunción; se trata de un término positivo. La palabra «facilitar» significa simplificar. Como facilitadores, debemos hacer que la vida de nuestro cónyuge sea más fácil en lugar de imponerle demandas restrictivas. Un facilitador no hace el trabajo de su compañero, ni tampoco le impide convertirse en aquello para lo cual ha sido diseñado.

Un siervo es también aquel que *edifica* a la otra persona. La palabra española «edificar» deriva del término latino *aedificare*, que quiere decir «hogar» o «chimenea». El hogar de leña era el centro de la actividad en los tiempos antiguos. Era el único lugar cálido e iluminado de la casa y allí se preparaba el pan de cada día. También era el lugar donde todos se reunían.

El concepto de edificar se utiliza muchas veces en el Nuevo Testamento para referirse a añadirle cosas positivas a otra persona. En los versículos que se citan abajo, se expresan tres ejemplos de lo que significa edificar: (1) aliento personal, (2) fortaleza interior y (3) el establecimiento de la paz y la armonía entre los individuos.

«Por lo tanto, busquemos todo lo que conduce a la paz; con ello podremos ayudarnos unos a otros a crecer espiritualmente» (Romanos 14:19, Dios Habla Hoy).

«Agrademos al prójimo, no a nosotros mismos; hagamos cuanto contribuya al bien y a la edificación de la fe del prójimo» (Romanos 15:2, La Biblia al Día).

«Por eso, anímense y edifíquense unos a otros, tal como lo vienen haciendo» (1 Tesalonicenses 5.11, NVI).

«El amor edifica» (1 Corintios 8:1, NVI).

Entonces, edificar significa alegrar la vida de otra persona. Usted es el encargado de alentar a su cónyuge; su aliento puede aumentar los sentimientos de autoestima de su cónyuge, aumentando su capacidad para amar y dar a cambio.

¿Qué piensa?

1. Dé dos ejemplos que muestren la manera en que su cónyuge piensa que usted responde como siervo.
2. ¿De qué manera lo edifica su cónyuge?
3. ¿Cómo le gustaría a su cónyuge que usted lo edificara? Si no está seguro, ¿por qué no pregunta?

El matrimonio es una relación íntima

El matrimonio es un estilo de vida, una celebración a la vida. La boda termina, pero el matrimonio progresa hasta que alguno de los cónyuges muere. El fin de la boda marca el comienzo de la relación matrimonial, la cual es un llamado a la intimidad. Intimidad es una identidad compartida, una relación de «nosotros». Lo opuesto es un matrimonio en el cual los individuos se llaman casados solteros, en el cual cada uno sigue su propio camino. En la intimidad compartida debe existir un nivel de sinceridad que haga que cada uno sea vulnerable al otro. La intimidad es un instrumento musical de muchas cuerdas. La música de un violín no proviene de una sola cuerda, sino de la combinación de distintas cuerdas con diferentes posiciones de los dedos.

Hoy en día, escuchamos hablar mucho acerca de la intimidad física, refiriéndose generalmente al mero acto de dos cuerpos que copulan. Sin embargo, la base para la verdadera intimidad física resulta en verdad de la *intimidad emocional*.

La intimidad física también involucra la unión de las emociones tanto como de los cuerpos. Las emociones le dan color a la vida. Muchas parejas se pierden la intimidad emocional porque uno de ellos o los dos no realizan un esfuerzo consciente para desarrollar la intimidad bajando barreras y derribando paredes. Judson Swihart escribe acerca de la tragedia de un matrimonio al cual le falta intimidad emocional:

Algunas personas son como castillos medievales. Sus altos muros los protegen contra las agresiones. Se protegen emocionalmente no permitiéndose el intercambio de sentimientos con otras personas. Nadie puede entrar. Se encuentran seguros contra los ataques. Sin embargo, si inspeccionamos al ocupante de esta fortaleza, nos encontramos con un ser solitario, dando vueltas por su castillo sin compañía. El habitante de este castillo es alguien que se ha hecho prisionero a sí mismo. Necesita sentir que alguien lo ama, pero las paredes son tan altas que le resulta difícil salir al exterior, y para los de afuera es difícil llegar al interior.[2]

Aun cuando las barreras no sean un problema, las emociones de un hombre y de una mujer pueden encontrarse a diferentes niveles e intensidades. La prioridad de una mujer puede ser la intimidad emocional, mientras que la prioridad de un hombre puede ser la intimidad física. Cuando una pareja aprende a compartir el nivel emocional y puede entender y experimentar los sentimientos de cada uno, se encuentran bien encaminados hacia la verdadera intimidad.

De paso, ¿realmente entiende lo que significa intimidad? La palabra «intimidad» deriva del término latino *intimus*, que quiere decir «lo más interior». La intimidad sugiere una relación personal muy fuerte, una cercanía *emocional* especial que incluye comprender a alguien que es muy especial y que esa persona lo comprenda a uno. La intimidad también se ha definido como «un lazo afectivo, cuyas hebras se componen de la preocupación mutua, de la responsabilidad, de la confianza, de la comunicación abierta de sentimientos y sensaciones, como así también del intercambio sin defensas de emociones significativas».[3] Intimidad significa arriesgarse a estar cerca de alguien y permitirle que entre dentro de sus límites personales.

La intimidad requiere vulnerabilidad, pero también requiere seguridad. La apertura puede producirnos temor, pero la aceptación que cada uno ofrece en medio de la vulnerabilidad proporciona un maravilloso sentido de seguridad. Las parejas que gozan de intimidad se pueden sentir seguras; tal vez, expuestas, pero a la vez, completamente aceptadas.

> CUANDO UNA PAREJA APRENDE A COMPARTIR EL NIVEL EMOCIONAL Y PUEDE ENTENDER Y EXPERIMENTAR LOS SENTIMIENTOS DE CADA UNO, SE ENCUENTRAN BIEN ENCAMINADOS HACIA LA VERDADERA INTIMIDAD.

Muchas veces se supone que la intimidad se produce automáticamente entre dos personas casadas, pero he visto a muchos que están casados y son «desconocidos». He hablado con muchos esposos y esposas que se sienten aislados el uno del otro y solitarios, incluso luego de muchos años de matrimonio. He escuchado declaraciones tales como: «Compartimos la misma casa, la misma mesa y la misma cama, pero bien pudiéramos ser desconocidos»; «Hemos vivido juntos durante 23 años y todavía no conozco a mi cónyuge mejor que cuando nos casamos»; «Lo que me duele es que podemos pasar un fin de semana juntos y, sin embargo, me sigo sintiendo sola. Pienso que me he casado con alguien que hubiera preferido ser un ermitaño en algunos aspectos».

La intimidad no es automática. La comunicación es el vehículo para crearla y mantenerla, y es el medio por el cual conocemos a otra persona.

Niveles de comunicación

Dedique un momento para evaluar la intimidad en su relación matrimonial. Explore de qué manera trata con la intimidad como pareja encerrando en un círculo las respuestas a las siguientes declaraciones. Hagan el trabajo por separado, luego explíquense las respuestas mutuamente.

1. Cuando se trata de intimidad en la conversación, la forma en que veo nuestra relación es...

   a. Hablamos mucho pero revelamos poco de nuestro verdadero ser.
   b. Revelamos nuestro verdadero ser, pero no hablamos mucho.
   c. Hablamos mucho y revelamos mucho acerca de nuestro verdadero ser.
   d. Hablamos poco y revelamos poco acerca de nuestro verdadero ser.

2. Cuando se trata de compartir contigo lo que pienso, siento, deseo o no deseo...

   a. Mantengo mi ser interior bien oculto.

   b. Revelo todo lo que me parezca seguro compartir.

   c. Dejo que todo salga a la luz.

3. Cuando se trata de compartir conmigo lo que realmente piensas, sientes, deseas o no deseas...

   a. Parece que mantienes tu ser interior bien oculto.

   b. Parece que revelas todo lo que te parece seguro compartir.

   c. Parece que dejas que todo salga a la luz.

4. Algunas de las maneras en las que evito la intimidad cuando el acercamiento se vuelve incómodo son...

   a. Me río o hago una broma.

   b. Me encojo de hombros y actúo como si no importara.

   c. Actúo de manera confusa, como si no supiera lo que sucede.

   d. Me muestro enojado para que no puedas mirar mi interior muy profundamente.

   e. Me enojo o me pongo de malhumor, en especial cuando me siento vulnerable.

   f. Hablo más de lo habitual.

   g. Me vuelvo analítico/a, escondiéndome detrás de una pared de intelectualidad.

   h. Cambio de tema para no tener que tratar el asunto.

   i. Actúo de manera prepotente, situándome por encima de todo, especialmente cuando me siento vulnerable.

5. De acuerdo con la lista anterior, veo que algunas de las maneras en que esquivas la intimidad cuando el acercamiento se vuelve incómodo son...

6. La razón por la cual evito la intimidad de esta manera es...

7. El efecto que produce evitar la intimidad de esta manera es...

8. Para construir la intimidad en nuestra relación, no estaría dispuesto/a a...[4]

Existen cinco niveles de conversación que corresponden a grados de intimidad en la relación matrimonial. A medida que lea acerca de cada nivel, deténgase para responder las dos preguntas en relación con su matrimonio.

El primer nivel de comunicación se limita a compartir hechos, explicaciones o información. Las conversaciones a este nivel se parecen mucho al intercambio de historias del periódico. Aunque la información pueda ser interesante, por lo general, se la considera de poco valor y en realidad no se logra mucho al tratar de conocer a la otra persona. El grado de intimidad a este nivel de conversación es extremadamente hueco.

1. ¿Cuándo se produce esta clase de conversación en su matrimonio?

2. ¿Cuál de los dos tiende a usar este estilo de conversación con mayor frecuencia?

El segundo nivel de conversación se centra en compartir las ideas y opiniones de las otras personas. Las conversaciones a este nivel son un poco más interesantes, pero, sin embargo, revelan muy poco de uno mismo. Prácticamente no se logra ninguna clase de intimidad cuando la discusión se limita a personas que están fuera de la relación.

1. ¿Cuándo se produce esta clase de conversación en su matrimonio?

2. ¿Cuál de los dos tiende a usar este estilo de conversación con mayor frecuencia?

La conversación en el nivel tres produce una intimidad moderada. A este nivel, se comparten ideas y opiniones propias. Se revelan algunos de los pensamientos que uno tiene y se arriesga un poco de vulnerabilidad, pero todavía no se revela quién es usted en verdad.

1. ¿Cuándo se produce esta clase de conversación en su matrimonio?

2. ¿Cuál de los dos tiende a usar este estilo de conversación con mayor frecuencia?

El nivel cuatro implica un grado más alto de intimidad en la conversación. Ahora se comparten preferencias personales, creencias, preocupaciones y también algunas experiencias personales. Una de las preguntas del nivel cuatro que mi hija me hacía con frecuencia cuando era pequeña era: «Papi, ¿cómo eras cuando eras un niño pequeño?» Me sorprendía al ver cuánto comenzaba a recordar y a compartir acerca de mí al responder a esta pregunta.

1. ¿Cuándo se produce esta clase de conversación en su matrimonio?

2. ¿Cuál de los dos tiende a usar este estilo de conversación con mayor frecuencia?

El nivel cinco es el nivel más alto de conversación y comunicación. Aquí se comparten los sentimientos internos y las preferencias, lo que nos gusta y lo que no nos gusta. Se comparte lo que está sucediendo en la vida interior y uno se abre completamente. Se va más allá de la conversación acerca de sucesos, creencias, ideas u opiniones para hablar de qué manera estas ideas, sucesos o personas lo influyen a usted y cómo lo tocan emocional e internamente. En este nivel, la expresión emocional se ha trasladado del plano de la cabeza al plano del corazón.

1. ¿Cuándo se produce esta clase de conversación en su matrimonio?

2. ¿Cuál de los dos tiende a usar este estilo con mayor frecuencia?

El matrimonio es un proceso de refinamiento

Nuestra respuesta frente a las crisis de la vida es el punto clave. Cuando vienen los problemas, podemos decir: «Dios, esto no es lo que quería para mi vida; no hice planes para esto». Pero el problema está allí, sin importar cuáles sean nuestros deseos. ¿De qué manera responderemos?

Un versículo que ha significado mucho para mí es el que les cito a las parejas que acuden para el consejo prematrimonial, para que construyan su matrimonio sobre esta base: «Hermanos míos, tened por sumo gozo cuando os halléis en diversas pruebas, sabiendo que la prueba de vuestra fe produce paciencia» (Santiago 1:2,3). Es fácil leer un pasaje como este y decir: «Bueno, está bien». Otra cosa es ponerlo en práctica.

La palabra «tened» se refiere a una actitud interna del corazón y de la mente que permite que la prueba o la circunstancia nos afecte de manera adversa o beneficiosa. Otra manera en la que se podría traducir Santiago 1:2 sería: Decídanse a considerar la adversidad como algo con lo cual podemos alegrarnos o a lo cual podemos darle la bienvenida.

Usted tiene el poder de decidir cuál será su actitud. Se puede abordar una circunstancia diciendo: *Es terrible. Totalmente inquietante. Es lo último que deseaba en la vida. ¿Por qué tenía que suceder ahora? ¿Por qué a mí?*

La otra manera de considerar la misma dificultad es decir: *No es lo que deseaba o esperaba, pero así son las cosas. ¿Cómo puedo hacer para sacar el máximo provecho de este tiempo difícil?* Nunca niegue el dolor por el cual debe atravesar. En cambio, pregúntese: *¿Qué puedo aprender de esta dificultad y cómo puede usarse para la gloria de Dios?*

El tiempo verbal que se utiliza en la palabra «tened» indica una acción decisiva, imperativa. No es una actitud de resignación: *Bueno, me parece que me voy a dar por vencido. Estoy atrapado en este problema. Así es la vida* . En realidad, el tiempo del verbo indica que tendrá que poner algo de esfuerzo para ir en contra de su inclinación natural de ver las pruebas como fuerzas negativas. Tendrá que decirse a sí mismo: *Creo que existe una manera mejor de responder a esta circunstancia. Señor, realmente deseo que me ayudes a ver esto desde una perspectiva diferente.* Demandará mucho trabajo de su parte, pero cambiará su mente para que dé una respuesta más constructiva.

Dios nos creó con la capacidad y la libertad de determinar cómo responderemos ante los incidentes inesperados que la vida nos presenta en el camino. Puede desear sinceramente que cierto suceso nunca hubiera ocurrido, pero no puede cambiar el hecho de que ha sucedido.

Mi esposa Joyce, y yo tuvimos que aprender a mirar a Dios en medio de lo que parecía una tragedia. Teníamos dos hijos: una hija, Sheryl, y un hijo, Matthew. Nuestro hijo nunca avanzó más allá del nivel cognitivo de un niño de dos años. Lo clasificaron como muy retardado. Y a la edad de 22 años, murió.

No nos habíamos preparado para convertirnos en padres de un hijo mentalmente retardado. Nos casamos luego de graduarnos de la universidad, entramos al seminario, concluimos nuestros estudios y nos hicimos cargo del ministerio en una iglesia local. Varios años después, nació Matthew.

Al mirar hacia atrás, sé que he sido una persona impaciente y egoísta en muchos aspectos; pero gracias a Matthew tuve la oportunidad de desarrollar paciencia. Cuando hay que esperar un largo tiempo hasta que el niño pueda extender la mano para tomar un objeto, cuando hay que esperar tres o cuatro años para que aprenda a caminar, uno desarrolla paciencia. Tuvimos que aprender a ser sensibles ante una persona que no podía comunicar verbalmente sus necesidades, sus deseos o sus tristezas. Teníamos que descifrar lo que trataba de decir; tuvimos que tratar de interpretar su comportamiento no verbal.

No hace falta decir que Joyce y yo crecimos y cambiamos a través de este proceso. Experimentamos tiempos de dolor, frustración y tristeza; pero nos regocijamos y aprendimos a darle gracias a Dios por aquellos pequeños progresos que la mayoría de la gente da por sobreentendidos. El significado del nombre Matthew —«regalo de Dios»— se hizo muy real para nosotros.

Fácilmente hubiéramos podido optar por amargarnos frente al problema de nuestro hijo. Hubiéramos podido permitir que se convirtiera en una fuente de distanciamiento en nuestro matrimonio, impidiendo nuestro crecimiento como individuos; pero Dios nos permitió escoger el camino de la aceptación. Crecimos y maduramos... juntos. No fue instantáneo, sino a través del paso de muchos años. Tuvimos que sobreponernos al transitar por lugares muy escarpados, pero también hubo aspectos notables y ricos momentos de reflexión y deleite. Matthew se convirtió en el agente refinador que Dios usó para transformarnos.

Mi esposa y yo hemos descubierto muchas cosas acerca de las maneras en las que Dios obra en nuestras vidas. Nos dimos cuenta de que él nos había preparado durante años antes de la llegada de Matthew, aunque nosotros no nos habíamos dado cuenta de que esa preparación tenía lugar. Cuando me encontraba en el seminario, me pidieron que escribiera una tesis. Como no sabía acerca de qué escribir, le pedí a una de mis profesoras que me sugiriera un tema. Me asignó el título: «La educación cristiana para el niño con retraso mental». No sabía nada al respecto, pero tuve que aprender de repente. Leí libros, asistí a clases, observé sesiones de enseñanza en hospitales y hogares, y finalmente escribí la tesis. La escribí tres veces y mi esposa la mecanografió tres veces antes de que me la aceptaran.

Más tarde, los estudios de sicología que hice como graduado requirieron varios cientos de horas de servicio como interno en una escuela del distrito. El distrito me asignó la tarea de probar a los niños retardados mentales y ubicarlos en sus respectivas clases.

Durante seis años, mientras trabajaba como ministro de educación en una iglesia, la junta me pidió que desarrollara un programa de escuela dominical para niños retardados. Mis tareas incluían desarrollar el ministerio y el currículum, y entrenar a los maestros.

Dos años antes de que naciera Matthew, Joyce y yo conversábamos una noche. Uno de nosotros dijo: «¿No es interesante que tratemos tanto con niños retardados? Hemos aprendido tanto. ¿Será posible que Dios nos esté preparando algo para más adelante en nuestras vidas?» Eso fue todo lo que dijimos en aquel momento y ni siquiera puedo recordar quién de nosotros lo dijo. Al año, nació Matthew. Ocho meses después comenzaron sus convulsiones. La inseguridad que habíamos sentido en cuanto al nivel de sus progresos ahora se transformaba en una profunda preocupación. Cuando supimos toda la verdad, comenzamos a ver cómo el Señor nos había preparado.

Esto es lo que hace por usted. Cuando atraviesa tiempos difíciles, descubrirá que él ya lo ha preparado para esa dificultad o bien le dará los recursos que necesita en ese momento. Esta es una promesa de la Escritura.

¿Adónde entra el llamado al sufrimiento en todo este proceso? Romanos 8:16, 17 dice: «El Espíritu mismo da testimonio a nuestro espíritu, de que somos hijos de Dios. Y si hijos, también herederos; herederos de Dios y coherederos con Cristo, si es que padecemos juntamente con él, para que juntamente con él seamos glorificados». Como miembros del Cuerpo de Cristo, sufrimos cuando un miembro sufre.

En las crisis menores o mayores que tengan lugar en su matrimonio, cada uno experimentará dolor, pero cuando el dolor se comparte, disminuye; el dolor que se soporta solo se hace más intenso. Lewis B. Smedes describe el sufrimiento marital de esta manera:

> Cualquier matrimonio es una cosecha de sufrimientos. Los soñadores le dirán que el matrimonio fue diseñado para ser un sitio de placer para que los espíritus eróticos jugueteen con relaciones que produzcan satisfacción personal. Pero no es así. Al decir sus votos matrimoniales, prometió sufrir. Sí, sufrir; no me voy a retractar. Prometió sufrir con... Tenía sentido, ya que la persona con la cual se casó probablemente sufriría heridas a lo largo del camino, tarde o temprano, mayores o menores, pero heridas al fin. Y usted prometió sufrir con su cónyuge. El matrimonio es una vida de dolor compartido.[5]

¡Este sufrimiento compartido es un privilegio! ¡Este es nuestro ministerio del uno para el otro! ¡Es el reflejo del regalo del matrimonio! ¿Cómo responderá a este aspecto del matrimonio?

Si está estudiando este libro con su cónyuge, podrá obtener los mejores resultados si completan el material siguiente en forma individual y luego discuten sus respuestas juntos. Al comparar las ideas, los sentimientos y las actitudes, alcanzará nuevos niveles de comunicación y comprensión en su matrimonio.

¿Cuál es su plan?

1. Si tuviera que describir su matrimonio en una sola palabra, ¿qué término utilizaría?

2. ¿Qué palabra le parece que usaría su cónyuge para describir su matrimonio?

3. ¿Qué beneficios obtiene de su relación matrimonial que no hubiera recibido si se hubiera quedado soltero? Sea muy específico.

4. ¿Cuáles son los lados fuertes que ve en su cónyuge? ¿Alguna vez le ha dicho que tiene conciencia de estos lados fuertes y que los aprecia?

5. ¿Qué hace su cónyuge que a usted lo hace sentirse amado o valorado?

6. ¿Qué hace usted para expresarle su amor y aprecio a su cónyuge?

7. ¿Cuáles son los puntos fuertes en su matrimonio? ¿Quién de los dos contribuye más a que estos puntos fuertes existan?

8. ¿Cuál le parece que es el área más débil en su matrimonio? ¿De qué manera pudiera ser usted el responsable de estas áreas débiles?

9. ¿Qué es lo que hace ahora para que su matrimonio sea feliz?

Notas

1. David Small, *Marriage as Equal Partnership* (Grand Rapids, Mich.: Baker Book House, s.f.), págs. 41-43, 48, 49.

2. Judson Swihart, *How Do You Say, «I Love You»?* [¿Cómo dice: «Te amo»?] (Downers Grove, Ill.: InterVarsity Christian Fellowship de los Estados Unidos de América, 1977), s/n.

3. Fuente desconocida.

4. David L. Luecke, *The Relationship Manual* [Manual de la relación] (Columbia, Md.: The Relationship Institute, 1981), pág. 25, adaptado.

5. Lewis B. Smedes, *How Can It Be All Right When Everything Is All Wrong?* [¿Cómo puede estar todo bien cuando todo está mal?] (San Francisco: Harper & Row, 1982), pág. 61.

¿QUÉ HACE FUNCIONAR UN MATRIMONIO?

CAPÍTULO TRES

Suponga que enciende su televisor a la hora de las noticias y, de repente, aparezco yo en la pantalla en lugar de la persona que da el pronóstico meteorológico. Por supuesto, usted se sorprenderá de verme allí, pero es probable que se sorprenderá aun más cuando escuche lo que tengo que decir:

> Esta noche, en lugar del informe habitual del clima y el pronóstico meteorológico, me gustaría presentar el pronóstico de los matrimonios de algunos de mis espectadores. Para algunos de ustedes, el pronóstico anuncia cielos nublados con noventa por ciento de probabilidades de tormentas eléctricas que terminarán en tornados y huracanes. No se sabe cuándo terminarán. Por cierto, a la vista hay muy pocas señales de alivio.
>
> Para otros televidentes, sus matrimonios tendrán los ajustes normales y atravesarán las fases habituales, pero la perspectiva del clima es brillante y clara. Cuando aparezcan tormentas en el horizonte, no durarán mucho y estarán preparados para recibirlas. Las superarán bien.
>
> Y agregando algo al cuadro climático, puedo decirles a ustedes, televidentes, cuáles entrarán en la categoría del

pronóstico tormentoso y cuáles encajarán en el pronóstico de buen tiempo. Pero, por ahora, no me queda más tiempo disponible. Sintonice mañana para obtener más detalles.

Si cerrara el programa de esta manera, es muy probable que usted le tire un zapato a su televisor, que la estación de televisión reciba llamados telefónicos exasperados y que, probablemente, yo reciba una invitación para ser la siguiente persona que anuncie el clima en el Polo Norte. Por lo tanto, para evitar todo lo arriba mencionado, permítame decirle cuáles son los matrimonios que tienen las mejores probabilidades de amoldarse al pronóstico del buen tiempo. No se trata solo de mis propias ideas; las he recogido a través de una considerable investigación a lo largo de los últimos años.

No me refiero solo a los matrimonios que permanecen juntos. Muchos de ellos son caparazones vacíos. Me refiero a matrimonios que resultan satisfactorios para ambas partes. Aunque no puedo ofrecer una garantía —una fórmula de éxito seguro— puedo describir las características de un matrimonio saludable.

El retrato de un matrimonio saludable

La capacidad para cambiar y tolerar los ajustes

Los matrimonios saludables demuestran flexibilidad por parte de ambos cónyuges. Sin embargo, cuando hay demasiados cambios, se producen trastornos junto con la sensación de estar fuera de control. Así se abre la puerta a la ansiedad. Pero al igual que el capitán de un velero que se sale de rumbo debido a una ola repentina, los matrimonios fuertes están formados por personas que están en condiciones de hacer ajustes y correcciones en el curso para retroceder a un ámbito seguro y regresar al curso original. La flexibilidad también significa hacer cambios personales para el beneficio del matrimonio. La gran pregunta es: ¿Cuán flexible es usted?

¿Cuán flexible es su cónyuge? Si le pidiera que me dé algunos ejemplos de su flexibilidad, ¿qué me diría?

La capacidad para vivir con lo inalterable

Las parejas que tienen matrimonios saludables comprenden la necesidad de vivir sin tener todas las respuestas a lo que sucede en la vida y sin poder resolver totalmente algunos problemas. No siempre es fácil, en especial para los hombres, porque tienen un deseo ardiente de sentir que tienen el control de sus vidas.

Algunas características de la personalidad y algunos hábitos nunca cambiarán. Tal vez, su cónyuge nunca recuerde poner el respaldo del asiento del automóvil en la posición que usted lo necesita para conducir, o de bajar la tapa del inodoro. Tal vez, a usted le guste sacar la ropa que usará al día siguiente la noche anterior, dándole al dormitorio un aspecto desordenado. Tal vez, su cónyuge siempre hará gárgaras con la puerta abierta y la mayor parte de las veces no embocará adentro de la pileta.

¿Estas son molestias mayores? Lo son únicamente si las vemos de esa manera. Para tener un buen matrimonio tenemos que poder vivir con lo imperfecto. Dios es nuestro modelo: él nos ama a pesar de nuestras imperfecciones.

Creer en la permanencia del matrimonio

Durante las sesiones de consejos prematrimoniales, animo a las parejas a asirse a la creencia de que su matrimonio no terminará en el divorcio. Sencillamente, no es una de las opciones. «Hasta que la muerte los separe» no es una cadena pesada que nos mantiene unidos, sino un compromiso gratificante. Esto significa que durante las épocas de conflicto, de distanciamiento o de enojo, ni siquiera consideramos la posibilidad del divorcio. Como lo dijo alguien en tono de broma: «Divorcio no. Asesinato, tal vez». Cuando uno se aferra a la creencia de que su matrimonio durará, esto afecta la manera en que abordamos las imperfecciones de nuestro cónyuge, las diferencias y los conflictos y el futuro juntos. Es cierto que, probablemente, el

> Cuando uno se aferra a la creencia de que su matrimonio durará, esto afecta la manera en que abordamos las imperfecciones de nuestro cónyuge, las diferencias, los conflictos y el futuro juntos.

grado de compromiso no sea el mismo en cada uno. El compromiso puede decaer y subir de tanto en tanto, pero se encuentra allí de la misma manera.

Confíen el uno en el otro

Cuando las parejas pueden confiar el uno en el otro, poseen un artículo poco común que la gente busca desesperadamente en el mundo de hoy. Como dijo una esposa: «Puedo confiar en que mi esposo será fiel a su palabra. No hay nada que me prepare para el fracaso. Si me dice que estará en casa a determinada hora, o bien llega a esa hora, o me llama por teléfono. Me gusta eso. Me da un sentido de seguridad y por esta razón me siento más libre con él. Nuestro nivel de intimidad es fuerte porque confiamos el uno en el otro».

Un equilibrio de poder

Una de las principales causas de conflicto es la lucha por el poder tan común en los matrimonios hoy en día. El matrimonio se basa en el reconocimiento de los puntos fuertes y los dones de cada parte, y la libertad para expresar estas cualidades. Se trata de un matrimonio con un grado de poder más o menos igualitario. La dependencia y la dominación (en este caso, ambas utilizadas en sentido positivo) se intercambian entre los cónyuges.

Disfrutar el uno del otro

Esto quiere decir que cada uno disfruta de la presencia del otro: de su silencio y de su conversación, de sus valores, de su fe y demás.

El matrimonio es más satisfactorio cuando los cónyuges se ven el uno al otro como mejores amigos. Tal amistad, como todas las amistades, lleva tiempo cultivarla y desarrollarla y también implica lealtad entre los amigos.

Promover el crecimiento personal

Su matrimonio contiene el poder para que usted lo haga crecer en forma personal de una manera que jamás soñó que experimentaría. Estoy seguro de que desearía que ese crecimiento fuera indoloro (como extraer un diente con la ayuda de altas dosis de anestesia). Pero hasta el momento, nadie ha creado una anestesia matrimonial. No existe. Por lo tanto, prepárese, porque algunos de los cambios y el crecimiento serán dolorosos.

Muchas parejas luchan porque el matrimonio involucra un increíble trabajo y esfuerzo. Como dijo un hombre: «Es mucho más esfuerzo que el que jamás pacté. Deseaba un matrimonio pacífico. ¿Armonía? Me pregunto si todo el trabajo y el esfuerzo valen la pena por los pocos momentos de paz y armonía que hemos experimentado».

Permítame hacerle una pregunta. ¿Cómo describe los conflictos en su vida, en su matrimonio? ¿Alguna vez se queda sin palabras para describir lo que sucede? ¿Posee un vocabulario que hará justicia con lo que está experimentando? Descubrí los siguientes sinónimos de «conflicto». Puede encontrarlos usted mismo en cualquier diccionario de sinónimos. Subraye toda palabra que describa (o las que mejor describan) lo que se asemeja a lo que ha sido su matrimonio. Los verbos incluyen las siguientes palabras: chocar, estar en desacuerdo, estar de punta, entrenarse en el boxeo, oponerse, contender, dar de topetazos, reñir, pelear, altercar, agraviar. Los sustantivos incluyen lucha, guerra, Armagedón, pelea, disputa, discusión, riña, reyerta. (En el capítulo final volveremos sobre la resolución de conflictos.)

> EL VERDADERO PROBLEMA NO ES SI SE CASÓ CON LA PERSONA CORRECTA; MÁS BIEN SE TRATA DE QUE USTED SEA LA PERSONA CORRECTA PARA SU CÓNYUGE.

En el matrimonio hay que enfrentar la realidad

A muchas parejas, el matrimonio las sorprende porque entran a esta relación con una preparación lamentable. Su sentido de la realidad se vio distorsionado por la fantasía y la ilusión. Algunos se sorprenden porque se casaron a pesar de no haber resuelto problemas del pasado, esperando que su compañero o compañera oficiara de salvador. ¿Se casó con la persona que pensaba que se había casado?

Escuché la historia de un hombre que, luego de un intenso y descorazonador desacuerdo con su esposa, se sintió muy frustrado y enojado con ella. Luego de algún tiempo vino y declaró: «Ana, ¡no eres la mujer con la que yo me casé!» Ella se dio vuelta y lo miró, y con una débil sonrisa dijo: «Nunca fui la mujer con la que pensaste que te casabas».

Tenemos la tendencia a casarnos con un ilusión, una fantasía, una idealización proyectada sobre un frágil ser humano. Tal vez, nos casamos con un fantasma o un sueño, pero cuando nos acercamos a tocar ese fantasma, no hay sustancia. El verdadero problema no es si se casó con la persona correcta; más bien se trata de que usted sea la persona correcta para su cónyuge. Zig Ziglar lo dijo bien:

> Si trata a la persona equivocada como si fuera la persona adecuada, bien puede ser que termine estando casado con la persona adecuada después de todo. Por otra parte, si se casó con la persona adecuada y la trata mal, con seguridad terminará casado con la persona equivocada. También sé que es

mucho más importante ser la persona adecuada que casarse con la persona adecuada. En resumen, si se casó con la persona adecuada o la equivocada es una cuestión que depende fundamentalmente de usted.[1]

Uno de los ajustes iniciales en el matrimonio es enfrentar las realidades del mismo. La buena noticia es que sus conflictos disminuyen cuando esto sucede. Además, enfrentar la realidad no es tan malo.

La gente puede olvidarse de sus fantasías si se dan cuenta de que «realidad» no es una palabra en clave, sinónima de «problema». Entre otras cosas, realidad significa aceptar la diversión de planear un futuro con otra persona a la cual usted respeta y ama. Es la alegría de vivir con su mejor amigo o amiga y la seguridad de pescarse un tremendo resfriado y tener a alguien a mano que le alcance un caldo de gallina sin protestar. La realidad es tener un desacuerdo y aceptar la noción de que es probable que usted y su cónyuge tal vez nunca lleguen a ver una serie de cosas de la misma manera.[2]

Si existe algún lugar en el cual necesitamos la gracia de Dios para hacer frente a las realidades de la vida, ese es el matrimonio. Ninguno de nosotros tiene la capacidad de hacerlo por sí mismo. Considere lo siguiente: su matrimonio no saldrá adelante por lo que usted o su cónyuge hagan, ¡sino por la gracia de Dios! Podemos habernos casado debido al amor que sentíamos por la otra persona, pero ninguno de los dos conocía el significado cabal de ese amor. Tal vez, teníamos la esperanza de que el amor de nuestro noviazgo nos sostendría y nos impulsaría a lo largo de los años de matrimonio. Esperábamos relajarnos y disfrutar de nuestro amor. Mike Mason ha escrito uno de los libros que más hace pensar con respecto a este tema, *The Mystery of Marriage* [El misterio del matrimonio]. Allí dice:

Estar casado no es que nos quiten de las primeras líneas del amor, sino más bien, que nos lancen adonde está la acción. Es enfrentar, día a día, la necesidad de ceder una y otra vez, y en niveles cada vez más profundos, aquella misma decisión imposible y terriblemente trascendental que solo se puede haber tomado cuando uno estaba loco de amor y trastornado por la fe y la confianza. Esto no es resignarse al destino, sino abrazar libre y espontáneamente un regalo, un desafío y un destino.

¿Nos sorprende que la gente no pueda soportar la presión? Es una presión que solo se puede manejar con amor en dosis cada vez más altas. El matrimonio requiere la renovación diaria y constante de una decisión que, al ser de una naturaleza tan asombrosa que resulta imposible desde el punto de vista humano, únicamente se puede tomar mediante la gracia de Dios.[3]

Al comienzo, las parejas suponen con felicidad que sus compañeros no desean otra cosa más que actuar, pensar y sentir exactamente como ellos. Cuando descubren que esto no es así, les parece que algo terrible ha ocurrido. Pero en realidad, no es así. El duelo por esta pérdida trae consigo la aceptación de las diferencias en carácter, personalidad, estilo de comunicación, valores y deseo sexual. Con el tiempo, la aceptación y el ajuste atenúan el conflicto. Prefiero que se produzca alguna clase de conflicto hasta encontrar la solución en lugar de que las parejas entierren los problemas hasta que surjan nuevamente, esta vez fuera de control, con un nuevo poder que produzca más dolor.

Las tormentas en su matrimonio tienen varios puntos de partida. Pueden presentarse debido a la experiencia pasada con sus padres o porque entró al matrimonio creyendo demasiados mitos. Las tormentas pueden aparecer por no saber cómo crecer y desarrollar nuevas maneras de responder acordes con el tiempo presente. Sean cuales sean las razones, estos obstáculos se pueden vencer.

¿Cuáles son los mitos que creía acerca del matrimonio? Algunos de los más comunes son:

Pensé que mi esposa sería la extensión de mis propias necesidades emocionales y físicas, y cuando mis necesidades no se vieron satisfechas inmediatamente y en la forma que yo quería, me sentí destrozado.

Esperaba que mi matrimonio estuviera libre de problemas. Después de todo, los buenos matrimonios cristianos sencillamente no tienen problemas o conflictos. Nadie me dijo que los buenos matrimonios se convierten en tales a través de los conflictos constructivos.

Esperaba que mi cónyuge supiera lo que yo deseaba o necesitaba. ¿Por qué pasar un montón de tiempo hablando acerca de lo que uno quiere? Una vez que uno se casa, el cónyuge debiera saberlo.

¿Qué piensa?

1. Escriba o dibuje un informe del estado climático que describa a su matrimonio.
2. ¿Cuáles mitos o creencias erróneas llevó a su matrimonio?
3. ¿Qué pasó con los mitos? ¿Murieron? ¿Recibieron un funeral apropiado o atraviesan una resurrección periódica?

Tal vez ustedes sean como una pareja que vino a verme. No quisieron fiarse de lo que les decía, ya que me preguntaron: «Norm, sin lugar a dudas, lo que acaba de compartir con nosotros está basado en la investigación. ¿Qué fue lo que se describió como positivo y qué fue lo negativo? Creo que nos ayudaría si conociéramos detalles más específicos».

Cómo animar la interacción positiva

Tenían razón. Las parejas estables sugieren numerosas maneras de expresar la interacción positiva en el matrimonio. Y una y otra vez, la Palabra de Dios nos amonesta a comportarnos de manera positiva y alentadora.

> Antes sed benignos unos con otros, misericordiosos, perdonándoos unos a otros [de inmediato y voluntariamente], como Dios también os perdonó a vosotros en Cristo (Efesios 4:32).

> Por cuanto Dios los escogió para que alcancen esta nueva vida, y al ver su inmenso amor e interés hacia nosotros, practiquen con sinceridad la compasión y la bondad. Sin que el causar buena impresión en los demás sea su objetivo, estén dispuestos a sufrir silenciosa y pacientemente. Sean benignos y perdonen; no guarden rencor. Si el Señor los perdonó, están ustedes en el deber de perdonar (Colosenses 3:12-13, La Biblia al Día).

La actitud de escuchar

Es importante que le muestre interés a su compañero como una persona, para descubrir qué es lo que ha experimentado durante el día y para sacar a la luz cualquier de sentimientos de molestia. Aquí puede ser necesario escuchar y mirarse el uno al otro, sin echar miradas al televisor o al periódico que tiene en el regazo. Puede ser necesario escuchar sin intentar arreglar el problema que su cónyuge le está compartiendo, a menos que se lo pida. Si usted es un hombre, quizá es necesario que dé más respuestas verbales cuando escucha, porque a la mujer le gusta oírlo para saber que está escuchándola. Santiago 1:19 dice que debemos ser «prontos para oír».

Atención frecuente en diversas maneras

Ser siempre afectuoso —no solo en los momentos en que está interesado en la relación sexual— es una respuesta positiva de alto valor. Algunas veces no se comparte nada verbalmente. Tal vez, solo sea necesario estar sentados el uno junto al otro tocándose suavemente, o acercándose lo suficiente como para entrar en contacto el uno con el otro mientras miran cómo el sol se esconde detrás de las montañas coloreando las nubes con destellos rojizos. Puede manifestarse tomándose de las manos en público. Puede manifestarse haciendo algo atento o amable, sin que se lo hayan pedido y que solo su cónyuge se dé cuenta. (Pero como he mencionado el tema de la relación sexual, *animo fuertemente* a cada hombre a que lea y aplique el contenido del libro de Joyce y Cliff Penner, *Men and Sex* [Los hombres y el sexo]. Puede transformar su relación física.)

Cuando su cónyuge ha tenido un día difícil, tal vez sea mejor acariciarle la cabeza o frotarle los hombros en lugar de hablar acerca de los detalles del día. Cuando uno siente que su compañero o compañera lo comprende a este grado y satisface sus necesidades, tiene la seguridad de que realmente se ha casado con la persona correcta.

El afecto se demuestra de diversas maneras. Años atrás escuché la historia de una pareja a la que habían invitado a una de esas cenas en las que cada uno lleva un plato de comida. A la esposa no se la conocía por sus habilidades como cocinera, pero decidió cocinar una tarta de crema. Mientras conducían hacia la cena, supieron que estaban en problemas porque podían sentir el olor de la masa quemada. Luego, cuando dieron vuelta en una esquina, el contenido de la tarta se trasladó trágicamente de un lado de la masa que lo contenía al otro. Él pudo ver al instante cómo la ansiedad de la esposa crecía.

Cuando llegaron, pusieron el pastel en la mesa de los postres. Los invitados se sirvieron las ensaladas y luego volvieron para el plato principal. Justo antes de que se dirigieran a la mesa de los postres, el esposo se dirigió decidido a la mesa, miró todos los postres caseros y arrebató el pastel de su esposa. Mientras los otros lo miraban, anunció: «Hay tantos postres aquí, y mi esposa hace tan pocas veces mi postre favorito que me lo llevo todo para mí. Comí liviano hasta ahora, así que puedo darme el gusto de ser un glotón».

Y se comportó como un glotón. Más tarde, su esposa dijo: «Se sentó junto a la puerta comiendo lo que podía, haciendo una papilla con el resto de manera que nadie pudiera pedirle un pedazo, y deslizándole algunos pedazos al Rottweiler de los dueños de la casa cuando nadie lo veía. Vio que lo estaba mirando y me guiñó el ojo. Lo que hizo me llenó el corazón aquella noche. Mi esposo, que no siempre dice mucho, me comunicó más amor con aquel acto que con todas las palabras que hubiera podido decir».

Amabilidad y cuidado

Por supuesto, existen muchas otras maneras en las que se puede mostrar que se preocupa por la otra persona. Planto flores durante todo el año y sé que a Joyce le encanta verlas dentro de la casa. Muchas veces, luego de hacer el café, le corto una rosa y se la pongo en un florero junto a su taza de café. Ahora casi se ha convertido en algo automático, pero la motivación es la misma. Y muchas veces, antes de que me vaya de viaje, Joyce desliza una nota de amor en los bolsillos de mis pantalones.

Tal vez se encuentre en una tienda y al ver la comida favorita de su cónyuge se la compra aunque usted la deteste. O decide detenerse en una tienda para comprar algún artículo y llama por teléfono a su cónyuge a la casa o al trabajo para ver si hay algo que desea o necesita. Está pensando en otros en lugar de pensar en sí mismo. Está actuando de acuerdo con la enseñanza de la Escritura en Efesios 4:32 (NVI): «Más bien, sean bondadosos y compasivos unos con otros».

Un acto que demuestre preocupación puede ser un llamado telefónico para preguntarle a su cónyuge si tiene algún pedido especial de oración. Los actos que reflejan preocupación por el otro pueden ser: recordar las fechas especiales y los aniversarios sin que se lo digan. Me asombra la cantidad de esposas que se han sentido profundamente heridas porque sus esposos no recordaron su aniversario y ni siquiera su cumpleaños.

Y las excusas de los esposos son tan pobres. «Simplemente no me acordé», «Necesito que me lo recuerden», o «Nosotros no lo hacíamos en mi familia». Si el esposo se encuentra sentado en mi oficina, le pregunto si se olvida de ir al trabajo o de disfrutar de su pasatiempo. A regañadientes dice que no, entonces yo sigo adelante diciéndole que creo que es capaz de aprender algo nuevo que los beneficiará tanto a él como a su esposa. No aceptamos excusas cuando el cambio es el paso evidente que hay que dar.

Palabras de aprecio

Otra respuesta positiva es mostrar aprecio. Esto significa salir un poco de uno mismo para fijarse en todas aquellas pequeñas cosas que su compañero o compañera hacen y dejarle saber cuánto lo aprecia. También significa concentrarse en las experiencias positivas y hacer hincapié en ellas más que en las negativas (se hablará más acerca de esto más adelante).

Es importante esforzarse por entenderse y apreciar la perspectiva de la otra persona. Los elogios transmiten aprecio, pero necesitan estar en equilibrio con lo que la persona hace y lo que ella o él es. Las afirmaciones basadas en las cualidades de una persona no son muy comunes pero son muy apreciadas.

Mostrar una genuina preocupación por su cónyuge cuando nota que está molesto construye la unidad y la intimidad en una relación. Es probable que no pueda hacer nada, pero el solo hecho de expresar el deseo de hacerlo puede ser todo lo que se necesita. Pedir perdón en lugar de estar a la defensiva es otra expresión de afecto. Cuando su compañero o compañera le cuenta un problema, no lo relacione con un problema similar que usted tuvo una vez, no le diga lo que debe hacer, no haga bromas para levantarle el ánimo ni le pregunte cómo hizo para meterse en ese problema. En cambio, escuche, abrácelo, demuéstrele que lo entiende y hágale saber que está bien que actúe y sienta en la manera que lo hace.

Muéstrele empatía. Esta es la sensación de estar con la otra persona tanto emocional como intelectualmente. Es ver la vida a través de los ojos de su cónyuge, sintiendo lo que él o ella sienten y escuchar la historia del otro de la manera en que él o ella la perciben.

En el matrimonio usted puede escoger responder con empatía, simpatía o apatía. La simpatía es estar demasiado involucrado con las emociones de su cónyuge. Verdaderamente puede socavar su fuerza emocional. La apatía quiere decir que no le importa en absoluto lo que le sucede al otro. Pero la empatía incluye una relación de comunicación, sabiendo cómo se siente su cónyuge en la mayoría de las situaciones sin necesidad de preguntar. Experimentan algo juntos, al mismo tiempo, mirando a través de los ojos de su cónyuge.

Libres para ser

Aceptar a nuestros cónyuges significa hacerles saber que aunque podamos no estar de acuerdo con lo que ellos dicen, estamos dispuestos a escucharlos. Quiere decir que liberamos a nuestros compañeros de tener que amoldarse a la fantasía de lo que deseábamos que fueran. Esto es más que tolerancia. Es enviar el mensaje: «Tú y yo somos diferentes en muchos sentidos. Está bien que seas tú mismo o tú misma y que yo sea yo mismo o yo misma. A medida que aprendamos a complementarnos el uno con el otro, seremos

más fuertes juntos que separados». Es inevitable que nos ayude-
mos el uno al otro a cambiar, pero el propósito por el cual lo hacemos y el método que usamos hace un mundo de diferencia.

Risas frecuentes

El sentido del humor y la capacidad de reírse, de hacer bromas y
de divertirse le da equilibrio al lado serio del matrimonio. Algunas
de las cosas por la cuales se reirán serán privadas, otras, podrán
compartirlas con los demás. Tener sentido del humor significa
que uno se puede reír de uno mismo (¡aunque a veces lleve un
rato!), y los dos se pueden reír juntos. Algunas veces, los mejores
recuerdos son aquellos incidentes graciosos que sucedieron, aunque en el momento a su cónyuge no le hayan parecido graciosos.

Hace varios años, mientras hablaba en un campamento para
familias en *Forest Home*, California, algo por el estilo nos sucedió a
Joyce y a mí. Estábamos en una bonita cabaña. Como suelo levan-
tarme temprano, me fui al salón comedor para tomar el desayuno
temprano. Joyce se levantó un poco más tarde y no desayunó
demasiado sabiendo que yo le traería algunas frutas y un panecillo
dulce. Llegué a la cabaña y estaba a punto de entrar al dormitorio
con su comida cuando se abrió de par en par la puerta del baño.
Joyce, que acababa de salir de la ducha, dijo:

—¡No entres allí! ¡Todavía sigue allí! ¡No lleves mi comida allí!

Me quedé desorientado y le pregunté:

—¿Qué? ¿Qué es lo que hay allí?

—¡Allí adentro! —dijo nuevamente al borde de las lágrimas—. Todavía está en el dormitorio. Fue terrible, y no te atrevas
a reírte. ¡No fue gracioso!

Yo seguía sin saber de qué estaba hablando.

Finalmente se calmó y me contó lo que había sucedido. Se
había quedado descansando en la cama, tomando su café. Entonces se inclinó hacia abajo para tomar sus chinelas. Encontró una, la
levantó y tanteó debajo de la cama para encontrar la otra. Ahora

bien, *Forest Home* estaba usando unas nuevas trampas humanitarias para ratones que consistían en una pedazo de cartón de 15x15cm con una sustancia muy pegajosa. Cuando el ratón se quedaba atascado allí, no podía salir y finalmente moría. Puede adivinar lo que sucedió. Joyce no solo puso la mano sobre la sustancia pegajosa ¡sino sobre un ratón muerto e hinchado! ¡Era inmenso! (Tengo una foto de él.) Me dijo que salió disparada como un misil, dando gritos, tratando de quitarse a esta desagradable criatura de la mano.

Mientras Joyce me lo contaba, agitaba la mano demostrándome cómo había tratado de quitarse al ratón. Cuanto más agitaba la mano, más graciosa quedaba. Me mordía los labios tratando de no reírme, recordando aquellas lapidarias palabras: «No te atrevas a reírte. No fue gracioso». Creo que ella se dio cuenta de mi lucha por no reírme porque con una mueca exagerada me miró y me dijo lentamente: *«No es gracioso»*.

Eso colmó el vaso. Era hombre muerto y lo sabía. Me reí hasta que las lágrimas me rodaron por las mejillas. Por supuesto, tomé al ratón y me deshice de él. También le dije a Joyce que yo también me hubiera puesto histérico si me hubiese sucedido a mí, y que tenía todo el derecho de estar disgustada. Luego de varios abrazos me dijo: *«Después de todo, me parece que fue gracioso»*. Ahora es una de nuestras historias favoritas.

También tenemos recuerdos graciosos en los cuales yo fui la fuente de diversión. Pregúntele alguna vez a Joyce.

Gozo en común

Otra cosa positiva relacionada con el matrimonio es el sentido del gozo compartido.[4] Se comparte el entusiasmo y el deleite del otro y se desea que el otro sea consciente de lo que uno está experimentando. El gozo es una sensación de alegría que no necesariamente se asocia a la felicidad. También es un mandamiento de las Escrituras. «Alégrense con los que están alegres» (Romanos 12:15, NVI).

Un corazón agradecido

Otro rasgo positivo es nunca dormirse en los laureles ni dar por sentado que tenemos asegurado a nuestro cónyuge. Un amigo mío lo describió de la siguiente manera:

> Las personas que han estado casadas por mucho tiempo tienden a dar por sentado que tienen asegurado a su cónyuge. Las razones más comunes son:
>
> Siempre estarás aquí cuando te necesite.
> Siempre me amarás.
> Siempre estarás en condiciones de proveer
> para mis necesidades.
> Siempre serás el mismo.
> Siempre estaremos juntos.

Cuando en el matrimonio se supone que estas cosas son así, se vive más en la tierra de las fantasías que en el lado de la realidad. Es muy raro que la gente que da por sentadas las cosas sepan apreciar las bendiciones diarias en sus vidas. Luego de algún tiempo, llegan a creer que la vida les debe estos pequeños regalos. Muy pocas veces dicen gracias por algo.

Cuando consideramos que tenemos a alguien asegurado le restamos valor. Se envía el mensaje mudo: *No vales mucho para mí.* También se le roba a esta persona el don del aprecio humano. Y ser amados y apreciados nos da a todos una razón para vivir cada día. Cuando este regalo se retiene o se niega durante años, nuestros espíritus se marchitan y mueren. La gente puede soportar este sufrimiento y permanecer casados para siempre, pero lo único que hacen es cumplir una sentencia. En los matrimonios de muchos años en los que a uno de los cónyuges se lo toma por asegurado en forma continua, se levanta una pared de indiferencia entre el esposo y la esposa. Cuanto más tiempo de matrimonio, más alta será la pared y mayor el aislamiento humano. La manera de salir del atolladero es sencilla pero crucial:

- Comience a dar las gracias y a mostrar su aprecio por cada cosa.
- Tome más conciencia de sintonizar lo que está sucediendo a su alrededor.
- Conviértase en una persona que dé más y que sepa apreciar.
- Especialícese en las muchas pequeñas cosas que tienen gran significado: traer flores, hacer largas caminatas por el campo, acostarse en el suelo junto a la chimenea, llevarse el desayuno a la cama, tomarse de las manos en público, caminar bajo la lluvia, enviarse tarjetas amorosas y graciosas por correo, comprarse pequeños regalos sin razón aparente.

Recuerde: un matrimonio de 35 años no garantiza el año número 36. No dé nada por sentado, simplemente porque hoy lo tiene.[5]

Recuerde, en un matrimonio saludable...

Uno trata de ser el «número dos» en lugar de ser el número uno.

Se le proporciona energía al cónyuge en lugar de quitársela.

Se eliminan del matrimonio las acusaciones y el avergonzar al otro.

Se está dispuesto a aprender del compañero.

Se terminan los desacuerdos sintiendo que se han resuelto.

Uno se siente mejor luego de un desacuerdo.[6]

Comunicación bilingüe

Existe un factor final. Aquellas parejas que aprenden a ser flexibles y a hablar el idioma de su cónyuge tendrán la mejor comunicación de todas. Puede sonar un tanto extraño, pero durante los últimos 32 años en los que he aconsejado a parejas y dirigido seminarios para el enriquecimiento del matrimonio, cada vez estoy más convencido de que esta es la médula del proceso de comunicación. Significa que uno acepta las diferencias, descubre la exclusividad del vocabulario comunicativo del cónyuge, sus modelos y estilos, y comienza a usarlos a medida que los comparte. Da resultado en el matrimonio y también en el mundo de los negocios.

No significa que tenga que dejar de ser quién es, ni de comunicarse en la forma que le es habitual. Se trata de añadir a su repertorio de respuestas de tal manera que tenga un campo de acción mayor. A la mayoría de las personas les gusta conversar con los que hablan su mismo lenguaje. Esto se puede aprender. Yo lo hice, ¡y cómo cambiaron las cosas! De eso se trata el resto de este libro.

¿Cuál es su plan?

Estos son tan solo algunos aspectos positivos que mantienen vivo a un matrimonio. Pero, ¿qué me dice de usted? En una escala del 0 al 10, ¿cómo calificaría la presencia de estos aspectos positivos en su propio matrimonio (siendo 0 lo que no existe y 10 lo sobreabundante)? ¿Cómo calificaría su cónyuge estos aspectos? (En el apéndice encontrará un formulario de evaluación del matrimonio que le permitirá darle una mirada renovada a su relación matrimonial.)

Notes

1. Zig Ziglar, *Sermons Illustrated* [Sermones Ilustrados], abril 1993.

2. Maxine Rock, *The Marriage Rock* [La roca del matrimonio] (Atlanta: Peachtree Publishers, 1986, págs. 78, 79.

3. Mike Mason, *The Mystery of Marriage* [El misterio del matrimonio] (Portland, Oreg.: Multnomah Press, 1985), págs. 55, 56.

4. John Gottman junto a Nan Silver, *Why Marriages Succeed or Fail* [Por qué los matrimonios tienen éxito o fracasan] (Nueva York: Simon & Schuster, 1994), págs. 58-61, adaptadas.

5. Jim Smoke, *Facing 50* [Enfrentar los 50] (Nashville, Tenn.: Thomas Nelson Publishers, 1994), págs. 40, 41.

6. Paul Pearsall, *The Ten Laws of Lasting Love* [Las diez leyes del amor duradero] (Nueva York: Simon & Schuster, 1993), págs. 298, 299.

LA CLAVE DE
LA INTIMIDAD

CAPÍTULO CUATRO

La comunicación es el nexo que crea una relación entre personas. Nos ayuda a convertirnos en lo que somos y en lo que sabemos. El proceso de comunicación puede ser claro, lo cual lleva a la comprensión, o puede no ser claro, lo cual lleva a la confusión.

Cada persona que se casa trae al matrimonio su propio diccionario. A menos que se aclaren las definiciones, es probable que las palabras que nos decimos el uno al otro no se entiendan. Un mensaje compartido entre usted y su cónyuge se puede interpretar mal con facilidad según las palabras que se usen (las que se omitan o las que se usen en exceso), o sencillamente porque su compañero recibe el mensaje de manera incorrecta. Algunas veces, hasta un mensaje escrito se confunde, tal como el siguiente aviso que apareció en la sección de avisos clasificados del periódico de una pequeña ciudad un día lunes:

EN VENTA: R. D. Jones tiene una máquina de coser para vender. Llame al teléfono 958 después de las 7:00 P.M. Pregunte por la señora Kelly, una mujer barata que vive con él.

El día martes: AVISO: Lamentamos haber cometido un error en el aviso del día de ayer de R. D. Jones. Debió leerse: Máquina de coser para la venta. Barata. Llame al 958 y pregunte por la señora Kelly que vive con él a partir de las 7:00 P.M.

El día miércoles: R. D. Kelly nos ha informado que ha recibido varios llamados telefónicos molestos a causa del error que cometimos en su aviso clasificado del día de ayer. El aviso correcto es el siguiente: EN VENTA: R. D. Jones tiene una máquina de coser para la venta. Barata. Llame al 958 después de las 7:00 P.M. y pregunte por la señora Kelly que vive con él.

Finalmente, el día jueves: AVISO: Yo, R. D. Jones, no tengo una máquina de coser para vender. La hice añicos. No llame al 958 ya que no tengo más teléfono. No he tenido ninguna relación con la señora Kelly. Hasta ayer, era mi ama de llaves, pero renunció.[1]

Antes de dar una definición, recuerde que cuando usted y su cónyuge se comunican existe más de un sencillo mensaje. En realidad hay seis, y aquí es donde surge el problema.

En primer lugar, usted tiene algo que desea *comunicarle* a la otra persona: lo que quiere decir. Tal vez lo ha pensado o sencillamente elabora el mensaje al abrir la boca. Pero es probable que no salga de acuerdo con su intención. Por lo tanto, el segundo mensaje es lo que *en verdad* dice. Ahora bien, vayamos a su cónyuge. El tercer mensaje es lo que él o ella *escuchan en verdad* mientras filtran y procesan la información, lo cual nos lleva al cuarto mensaje: lo que su cónyuge *piensa que escucha*. Ahora las posibilidades de mala interpretación aumentan.

Si la comunicación se detuviera aquí, no sería tan complicada; pero el quinto mensaje es lo que su cónyuge *dice acerca de lo que usted dijo*. Ahora vuelve a sus manos, porque el sexto mensaje es lo que usted *piensa que su cónyuge dijo acerca de lo que usted dijo*.

¿Desalentador? Un poco; pero ilustra por qué con tanta frecuencia la comunicación es una tarea difícil. Queremos que la otra persona no solo escuche sino que entienda lo que queremos decir. El viejo proverbio: «Di lo que piensas y piensa lo que dices», es una meta muy valiosa, pero no es fácil de alcanzar.

Sería mucho más sencillo si cada uno de ustedes hablara el lenguaje del otro (hablaremos más acerca de esto en otro capítulo).

¿Qué piensa?

Aquí hay cuatro preguntas que lo ayudarán a pensar en sí mismo como comunicador.

1. ¿Cuál es su definición personal acerca de la palabra «comunicación»?_____

2. ¿Le resulta difícil comunicarse con su cónyuge?

Casi siempre	Algunas veces	Casi nunca	Nunca

3. ¿Tiene la impresión de que a su cónyuge le cuesta entender lo que usted quiere decir?

Casi siempre	Algunas veces	Casi nunca	Nunca

4. ¿Qué le parece que diría su cónyuge acerca de su capacidad para comunicarse?

Fantástica	Más o menos	Bueno...

Piense en esta definición de comunicación: Es el proceso en el que uno se abre a otra persona en forma verbal y no verbal de manera tal que ambos comprenden y aceptan lo que uno dice.

La segunda parte de la definición implica la manera de escuchar de parte del receptor (dedicaremos todo un capítulo a este tema importante). Aceptación no significa estar de acuerdo, sino que el que escucha puede aceptar que lo que usted dice es la manera en la que ve las cosas, la manera en las que cree o siente con respecto a algo.

Todos se comunican. Es imposible *no* comunicarse. Algunas personas dicen que cuanto más tiempo llevan de casados menos necesitan hablar acerca de ciertos temas porque se conocen muy bien el uno al otro. ¿Será posible que cuanto más tiempo de casados tenga una pareja, mejor aprendan qué es aquello de lo que *no* deben hablar? ¿Existe algún tema en su relación matrimonial sobre el cual necesiten hablar y no lo hacen?

Existen muchos libros, programas, seminarios y artículos disponibles acerca de la comunicación: guías acerca de qué decir, cómo decirlo, cómo no decirlo, las diecisiete mejores maneras de decir algo, y muchos más. Se encuentra a su disposición toda la guía que haya deseado y la que no haya deseado también; pero, ¿qué sucedería si no tuviéramos ninguna de estas ayudas, ni siquiera una? ¿Qué sucedería si tuviéramos solo un recurso del cual sacar guías para la comunicación? Y, ¿qué sucedería si ese único recurso fuera la Biblia, la Palabra de Dios? ¿Sería suficiente? Echemos una mirada a la enseñanza bíblica acerca de la comunicación.

El poder de las palabras

Lo que les decimos a los demás

Las Escrituras hablan claramente acerca del tremendo poder que tienen nuestras palabras. Ellas pueden sanar, pueden brindar apoyo y aliento, o pueden herir.

Un caballo, por grande que sea, puede ser dominado poniéndosele un pequeño freno en la boca. Por impetuoso que sea el viento, un timón diminuto puede hacer girar una nave inmensa hacia donde el timonel desee que vaya. De igual manera, la lengua es un miembro diminuto, ¡pero cuánto daño puede hacer! Basta una chispa para hacer arder un inmenso bosque. Y la lengua es una llama de fuego, un mundo de maldad, veneno que contamina todo nuestro cuerpo. El infierno mismo puede avivar esta llama y convertir nuestras vidas en llamarada destructiva y desastrosa. El hombre ha domado, o puede domar, cualquier tipo de bestia, ave, reptil o pez. Pero ningún ser humano puede domar la lengua. La lengua, que es un mal que no podemos refrenar, siempre está lista a derramar su mortífero veneno. A veces alaba a nuestro Padre celestial, y a veces prorrumpe en maldiciones contra ese ser hecho a la imagen de Dios que es el hombre. Así que de la boca sale lo mismo bendición que maldición (Santiago 3:3-10, La Biblia al Día).

En lo que concierne al poder, Santiago compara el de la lengua con el timón de un barco. A modo de comparación, el timón es una parte pequeña del barco, sin embargo, puede llevarlo en cualquier dirección y controla su destino. Lo que un esposo o una esposa se dicen el uno al otro puede hacer cambiar el rumbo de su matrimonio en diversas direcciones (y en algunos casos puede hacerlos dar vueltas en un círculo vicioso).

Para seguir enfatizando el poder de la lengua, Santiago la compara con una llama de fuego. Una pequeña chispa puede causar un incendio en grandes bosques. De la misma manera, un matrimonio se puede ver dañado, o incluso puede arder en llamas, por un sencillo comentario o, lo que es más frecuente, por pequeñas estocadas continuas.

Las palabras se esparcen como el fuego. ¿Alguna vez intentó detener un rumor? ¿Alguna vez intentó sofocar una historia con mala intención una vez que se dijo? ¡Es imposible! ¿Quién puede desdecir lo que se ha dicho o borrar lo que se ha escuchado?

> CADA ESPOSO Y ESPOSA DEBIERAN TENER COMO META CONSTANTE EL CONTROL DE LA LENGUA PORQUE *todo* LO QUE SE DICE AYUDA O ENTORPECE, SANA O HIERE, CONSTRUYE O DESTRUYE.

Santiago continúa avanzando cuando escribe que la ingenuidad del hombre ha tenido éxito en domar casi cualquier clase de criatura viviente, pero, sin embargo, ¡no ha podido domar su propia lengua! Domar significa controlar y transformar en útil y beneficioso. El ser humano no ha podido hacer esto por ningún medio.

Cada persona debe hacerse responsable de su propio programa de entrenamiento de la lengua. Cada esposo y esposa debieran tener como meta constante el control de la lengua porque *todo* lo que se dice ayuda o entorpece, sana o hiere, construye o destruye.

De acuerdo con las Escrituras, el esposo y la esposa que dice lo que piensa o siente sin considerar las consecuencias obra de mala manera: «¿Has visto hombre ligero en sus palabras? Más esperanza hay del necio que de él» (Proverbios 29:20).

Primera de Pedro 3:10 lo resume con mucha precisión: «El que quiere amar la vida y ver días buenos, refrene su lengua de mal, y sus labios no hablen engaño». No es fácil controlar la lengua con nuestras propias fuerzas, pero si dependemos del Espíritu Santo para que nos enseñe y nos guíe, tendrá ayuda y fuerza más allá de las propias.

¿Recuerda cuán bueno es tener una conversación edificante y amable con su cónyuge? Uno se concentra en escoger palabras que sean amables y apropiadas para el momento y el propósito, y su cónyuge hace lo mismo. El resultado es que se animan el uno al otro y crean una situación que los recompensa a los dos. Proverbios 25:11 describe la belleza de tales momentos: «Manzana de oro con figuras de plata es la palabra dicha como conviene». Si parafraseamos este versículo usando el lenguaje cotidiano, podemos decir: «¡Qué buena es la palabra correcta en el momento correcto!»

En el libro de Job encontramos una situación que tal vez la mayoría de nosotros haya experimentado. Job tenía tres amigos que *le* hablaban sin parar. Finalmente, frustrado exclama: «¿Hasta cuándo angustiaréis mi alma, y me moleréis con palabras?» (Job 19:2).

Tal vez, todos estos versículos estén aquí para advertirnos: ten cuidado con tus palabras. ¡Vigila tu boca! *Tus palabras vienen de tu mente.*

Lo que nos decimos a nosotros mismos

Todos los días conversamos con nosotros mismos. Es correcto. No significa que seamos raros o que estemos a punto de volvernos locos. Es normal hablar con uno mismo.

Pero, ¿se da cuenta de que...

...la mayoría de nuestras emociones, tales como el enojo, la depresión, la culpa, la preocupación, se inician y se intensifican en su conversación consigo mismo?

...la manera en que se comporta con su cónyuge está determinada por la conversación consigo mismo y no por el comportamiento del otro (o por lo que piensa)?

...lo que dice y cómo lo dice es una expresión directa de lo que se dice a sí mismo?

Hablar con uno mismo es lo que uno se dice a sí mismo con respecto a su persona, a su cónyuge, a sus experiencias, al pasado, al futuro, a Dios.

Hablar con uno mismo es una conversación interna, no una emoción o un sentimiento, ni tampoco una actitud. Sin embargo, la conversación con uno mismo repetitiva *se convierte* en actitudes, valores y creencias.

Muchos de sus pensamientos son automáticos. Uno no se queda sentado pensando en lo que hará a continuación. Los pensamientos se deslizan en su conciencia tan suavemente que no se da cuenta cuando entran. Muchos de ellos reciben estímulo de experiencias, actitudes o creencias pasadas. Uno construye lugares adonde almacena recuerdos y experiencias, reteniendo y recordando aquellas cosas en las cuales más se concentró.

La Escritura tiene mucho que decir acerca del pensamiento y del aspecto pensante de nuestro ser. Las palabras «pensar», «pensamiento» y «mente» se usan más de 300 veces en la Biblia. Proverbios 23:7 dice: «Porque cual es su pensamiento en su corazón, tal es él»

Con frecuencia la Biblia se refiere a nuestro corazón como la fuente de nuestros pensamientos.

El corazón del justo piensa para responder; mas la boca de los impíos derrama malas cosas. (Proverbios 15:28).

Pero lo que sale de la boca, del corazón sale; y esto contamina al hombre. Porque del corazón salen los malos pensamientos, los homicidios, los adulterios, las fornicaciones, los hurtos, los falsos testimonios, las blasfemias (Mateo 15:18, 19).

Dios conoce el contenido de nuestros pensamientos: «Todos los caminos del hombre son limpios en su propia opinión; pero Jehová pesa los espíritus» (Proverbios 16:2). Por lo tanto, ¿cómo son sus pensamientos? ¿Puede ver la conexión que existe entre lo que ocurre en su interior y lo que dice? Es algo de lo cual debe estar *muy* consciente a favor de la salud de su relación matrimonial.

Hay buenas noticias: nuestros pensamientos pueden someterse al control del Espíritu Santo. Primera de Pedro 1:13 nos dice que ciñamos nuestras mentes. Esto requiere de un esfuerzo mental, sacando de nuestras mentes cualquier cosa que estorbe el progreso en nuestros matrimonios. La Palabra de Dios nos dice en qué debemos concentrarnos: «Por lo demás, hermanos, todo lo que es verdadero, todo lo honesto, todo lo justo, todo lo puro, todo lo amable, todo lo que es de buen nombre: si hay virtud alguna, si algo digno de alabanza, en esto pensad» (Filipenses 4:8).

¿Qué piensa?

1. Enumere algunos de sus pensamientos que afectan la comunicación con su cónyuge.
2. ¿Cuál de los pasajes de la Escritura mencionados ayudarían mejor a su proceso de comunicación si sigue sus enseñanzas?

Piense antes de hablar

¿Se acuerda de aquella vieja frase: «Ponga su cerebro en funcionamiento antes de poner su lengua en movimiento»? Básicamente, esto es lo que dice la Palabra de Dios.

Con tanta frecuencia pensamos: *Ay, ay, hubiera deseado no decir eso. Me gustaría poder retractarme.* Pero una vez que las palabras se dicen, ya está. No existe un botón para borrar ni para rebobinar. No existe un juez que le diga al jurado que no tome en cuenta el último comentario.

Cuando se toma el tiempo para pensar antes de hablar, uno puede evaluar, editar y considerar el impacto de sus palabras en la otra persona.

¿Qué sucedería en un matrimonio si se aplicaran con constancia los siguientes principios?

Hay hombres cuyas palabras son como golpes de espada; mas la lengua de los sabios es medicina (Proverbios 12:18).

El que tarda en airarse es grande de entendimiento; mas el que es impaciente de espíritu enaltece la necedad (Proverbios 14:29).

El que guarda su boca y su lengua, su alma guarda de angustias (Proverbios 21:23).

¿Has visto hombre ligero en sus palabras? Más esperanza hay del necio que de él (Proverbios 29:20).

Diga la verdad

Vivimos en una cultura que cree que está bien mentir. En la actualidad lo llamamos «modificar» la verdad.

¿Qué queremos decir con esto? Modificar significa cambiar. Por lo tanto, lo que se cambia ya no es más verdad sino mentira. ¿No es correcto mentir si eso significa evitar una situación desagradable en la relación con otra persona? Todos podemos pensar en situaciones en las cuales nos parece que sería mejor no decir la verdad por temor a herir al otro; pero ¿acaso la mentira realmente evita la situación desagradable? Por lo general, las mentiras se descubren y entonces la situación se hace aun más desagradable. Además, ¿qué es lo que realmente tememos, herir a la otra persona o herirnos a nosotros mismos? Debemos ser sinceros con nosotros mismos en cuanto a nuestra motivación. Muchas veces, nos resulta fácil mentir si así podemos librarnos de una situación desagradable.

Tal vez la oportunidad más tentadora para mentir se presenta cuando nos enfrentamos con algo que hemos hecho. Sentimos deseos de alterar la verdad o de presentarla de manera razonable para quitarnos la culpa de encima. Este modelo de conducta se

puede ver aun en los niños pequeños. Cuando se los confronta con
una mala acción, les resulta muy
difícil decir: «Sí, fui yo. Lo siento.
Acepto la responsabilidad». ¿Alguna
vez ha prestado atención a la reacción
de la otra persona cuando usted acepta la responsabilidad por sus acciones
y se muestra abierto y sincero? ¡Se
queda asombrada y hasta conmocio-
nada!

¿Es posible decir la verdad pero
reteniendo una parte porque la otra
persona no está lista para escucharla?
Tal vez; pero, ¿acaso retener una parte de la información hace que la otra
persona piense de manera distinta
en cuanto a lo que es la verdad? ¡Es
algo para pensar!

> LA VERDAD DEBE
> ESTAR ACOMPAÑADA
> POR EL AMOR,
> EL TACTO Y UNA
> PROFUNDA
> PREOCUPACIÓN POR
> LA OTRA PERSONA.
> EXISTE UNA
> ESTRECHA
> CORRELACIÓN ENTRE
> LA VERDAD Y
> LA CONFIANZA EN
> UNA RELACIÓN.

¿Qué sucede cuando su esposa entra en la habitación y pregunta: «¿Te gusta mi nuevo vestido? ¿Cómo me veo?» Por lo
general, el esposo dirá: «Bien», aunque no le guste el vestido y a la
esposa no le quede bien. ¡Esperemos que ella haya sido sincera al
hacer la pregunta! ¿Buscaba una respuesta a su pregunta o deseaba alimentar su ego? ¡También podemos ser mentirosos mediante
las preguntas que hacemos! En esta situación, sería mejor que el
esposo compartiera con sinceridad sus sentimientos. El matrimonio se construye sobre la confianza, y no puede existir confianza a
menos que haya sinceridad. Para contestar una pregunta como
esta, como tantos otros cientos de preguntas en el matrimonio, se
necesita tacto. «Me parece que te he visto con otros vestidos que
me gustan más», es una respuesta mucho mejor que decir: «¡Uf!
¡Hace resaltar los kilos de más que tienes!»

La Escritura nos da un modelo a seguir con respecto a la modificación de la verdad. Lean y discutan Proverbios 6:16-19; 12:17; 28:23; Efesios 4:15,25; y Colosenses 3:9.

Fíjese en Efesios 4:15 donde se nos exhorta a hablar la verdad en amor. Las palabras «en amor» pueden implicar «con tacto». Preocúpese acerca de cómo dice la verdad. Sea sensible con respecto a la otra persona y a las maneras en que puede hacer que reciba las palabras de verdad. No destroce al otro ni lo hiera emocionalmente por ser franco usando palabras sinceras que tienen un toque de brutalidad. La verdad debe estar acompañada por el amor, el tacto y una profunda preocupación por la otra persona. Existe una estrecha correlación entre la verdad y la confianza en una relación.

¿Qué piensa?

1. ¿Cuándo le resulta más difícil compartir todo lo que cree o siente?
2. ¿Qué podría hacer su cónyuge para ayudarlo a ser más abierto?

Eviten las peleas

¿Por qué hay enemistades y riñas entre ustedes? ¿Será que en el fondo del alma tienen un ejército de malos deseos? Codician lo que no tienen y matan por conseguirlo. Sienten envidia de algo y, si no lo pueden conseguir a las buenas, pelean para obtenerlo. Sin embargo, si no tienen lo que desean es porque no se lo piden a Dios. Y si lo piden, Dios no les contesta porque es una petición que tiene el propósito incorrecto de satisfacer un ansia de placeres (Santiago 4:1-3, La Biblia al Día).

¿Acaso esta Escritura quiere decir que las parejas no tendrán conflictos? De ninguna manera. Dos individuos diferentes y únicos no pueden unirse sin que exista el ajuste y el conflicto. Los gustos individuales, las preferencias, los hábitos, y las cosas que no gustan, las diferencias de personalidad, los valores y los estándares se confrontarán. Pero recuerde, tener conflictos no es lo mismo que pelear. No estar de acuerdo no es lo mismo que reñir.

El conflicto verbal en sí no es dañino; puede abrir puertas de comunicación. Por otra parte, una pelea se define como una lucha verbal en la cual las emociones toman el control y cada uno se concentra más en la otra persona que en resolver el problema. Cuando la pelea ha finalizado, se produce un distanciamiento mayor entre la pareja o queda un residuo de malos sentimientos. (La solución de los conflictos se tratará en el último capítulo.)

La Palabra de Dios es específica acerca de qué hacer con las peleas:

El que carece de entendimiento menosprecia a su prójimo; mas el hombre prudente calla (Proverbios 11:12).

El que comienza la discordia es como quien suelta las aguas; deja, pues, la contienda, antes que se enrede (Proverbios 17:14).

Honra es del hombre dejar la contienda; mas todo insensato se envolverá en ella (Proverbios 20:3).

El carbón para brasas, y la leña para el fuego; y el hombre rencilloso para encender contienda (Proverbios 26:21).

Si es posible, en cuanto dependa de vosotros, estad en paz con todos los hombres (Romanos 12:18).

Quítense de vosotros toda amargura, enojo, ira, gritería y maledicencia, y toda malicia (Efesios 4:31).

Seguid la paz con todos, y la santidad, sin la cual nadie verá al Señor (Hebreos 12:14).

Evite la crítica

La crítica es una rama especial de la comunicación que corta y destruye. Su propósito *no* es resolver el conflicto ni llevar más cerca al cónyuge. Es una manera de sentirse justificado y superior; es una manera de liberar la ira. Cada vez que critica, encuentra una culpa. Le dice a la otra persona: «Tienes alguna clase de defecto y yo no te acepto». La crítica produce un efecto sobre la otra persona: no lo escuchará más, contraatacará o se quedará con resentimiento. La crítica no funciona, no es efectiva. La Palabra de Dios es clara con respecto a este punto:

Así que, ya no nos juzguemos más lo unos a los otros, sino más bien decidid no poner tropiezo u ocasión de caer al hermano (Romanos 14:13).

¿Por qué te fijas en la astilla que tiene tu hermano en el ojo, y no le das importancia a la viga que está en el tuyo? ¿Cómo puedes decirle a tu hermano: "Déjame sacarte la astilla del ojo", cuando ahí tienes una viga en el tuyo? (Mateo 7: 3,4).

Todas las parejas tendrán quejas de vez en cuando. Eso es normal. Sin embargo, las quejas se pueden expresar de tal manera que el cónyuge las escuche y no se ponga a la defensiva. Por ejemplo, en lugar de concentrarse en lo que lo molesta a usted, hable más acerca de lo que le *gustaría* que haga su cónyuge. Su compañero estará mucho más dispuesto a escucharlo y a considerar su pedido. Si habla acerca de lo que no le gusta, lo único que logrará es reforzar la posibilidad de que eso continúe aun con mayor intensidad. El principio de señalarle a su cónyuge lo que a usted le gustaría, le transmite que usted cree que es capaz de hacer lo que le pide. Si lo hace con regularidad, elogiando y valorando el esfuerzo de su cónyuge por complacerlo, verá un cambio. Esta manera de relacionarse con su cónyuge logra mucho más que la crítica. La misma dinámica se aplica a los niños. El poder del elogio nunca debe subestimarse.

También he visto cómo ha dado resultado este principio al criar a nuestro labrador dorado, Sheffield (no significa que compare a la gente con los perros). A Sheffield lo entrenamos en los aspectos básicos cuando tenía cuatro meses y ahora trae el periódico, nos alcanza ciertos elementos a Joyce y a mí, «contesta» el teléfono y me lo trae y levanta objetos del piso y los pone en la basura. Todo lo que necesitamos hacer fue pasar por alto las veces que no lo hizo bien y elogiarlo y abrazarlo cuando lo hacía bien. Si lo hubiera criticado, le hubiera destruido el espíritu.

No creo que seamos muy distintos en este aspecto. Las respuestas de aliento y ánimo pueden cambiar literalmente nuestras vidas porque necesitamos y deseamos que los otros crean en nosotros. Un ejemplo fuera de lo común se encuentra en la tribu Babemba al sur de África. Cuando uno de los miembros de la tribu ha actuado irresponsablemente, lo llevan al centro del pueblo. Todos dejan de trabajar y se reúnen en un gran círculo alrededor de la persona. Cuando llega su turno, cada persona, sin importar su edad, le habla al que está en el centro y le recuerda las cosas buenas que ha hecho. Se recuerdan con precisión y detalles todos los incidentes positivos en la vida de la persona, además de todos los buenos atributos, sus puntos fuertes y su bondad. No se menciona ni siquiera una palabra acerca del problema de comportamiento.

Esta ceremonia, que algunas veces dura varios días, no finaliza hasta que se haya dicho todo lo positivo de esa persona por parte de cada uno de los que forman la asamblea. La persona que está en el medio se siente literalmente inundada de aliento y luego, le dan la bienvenida nuevamente a la tribu. ¿Se puede imaginar cómo se siente con respecto a sí misma? ¿Se puede imaginar el deseo que surge en ella de continuar reflejando esas cualidades positivas? Tal vez, los matrimonios y las familias actuales necesiten una adaptación de esta ceremonia.

La crítica es la respuesta negativa inicial que abre la puerta para otras respuestas destructivas que siguen. La crítica es diferente al reclamo porque ataca la personalidad y el carácter de la persona, por lo general, echándole alguna culpa. La mayor parte de la crítica generaliza exageradamente («Siempre...») y acusa personalmente (la palabra «tú» se encuentra en el centro y se le da gran importancia a la palabra «debieras»).

Diversas formas de crítica

Las bromas

La crítica puede esconderse bajo el camuflaje del humor. Cuando se le enfrenta por lo que dijo, la persona evade la responsabilidad diciendo: «Vamos, solo bromeaba». Me recuerda el pasaje de Proverbios: «Como el que enloquece, y echa llamas y saetas y muerte, tal es el hombre que engaña a su amigo, y dice: Ciertamente lo hice por broma» (Proverbios 26:18, 19).

Buscar defectos

Buscar defectos es la respuesta favorita del cónyuge perfeccionista. La crítica por lo regular es destructiva, pero es interesante escuchar a aquellos que critican diciendo que solo están tratando de transformar a su compañero en una persona mejor ofreciéndole algunas críticas «constructivas». Con mucha frecuencia la crítica no construye, demuele. No nutre una relación, la envenena. A menudo, se la presenta como esta descripción: «Hay hombres cuyas palabras son como golpes de espada» (Proverbios 12:18). La crítica destructiva acusa, trata de hacer que el otro se sienta culpable, intimida y generalmente es producto del resentimiento personal.

Comentarios mordaces

La crítica viene en muchas formas y tamaños. Ha oído hablar de los comentarios mordaces, esos misiles letales guiados verbalmente. Llegan hasta usted con una punta afilada y una dentada que lastima la carne a medida que penetra. El poder de estas declaraciones cáusticas se hace evidente cuando uno se da cuenta de que un comentario mordaz puede deshacer veinte actos de bondad. ¡Sí, eso es, veinte!

Una vez que uno de estos misiles aterriza, el efecto es similar al de la nube radiactiva que se establece sobre una zona que solía ser tierra fértil. La tierra se contamina de tal manera por la radioactividad que aunque se siembren semillas y se planten plantas, no pueden echar raíces. Como consecuencia mueren o las fuerzas de la naturaleza las arrastran. Deben pasar décadas para que la contaminación se disipe.

Las palabras amorosas que siguen a un comentario mordaz encuentran una tierra hostil parecida. Puede ser necesario que pasen horas antes de que haya receptividad o respuesta positiva a sus tentativas de acercamiento.[2]

Palabras que invalidan

Otra forma de crítica se llama invalidar y con frecuencia es la causa del desastre matrimonial. Cuando está presente en el matrimonio, destruye el efecto de la *validación*, como también la relación de amistad en el matrimonio. Algunas veces, las parejas siguen adelante y mantienen su relación sin la suficiente validación, pero no pueden manejar la continua invalidación. Este es otro ejemplo de un comentario negativo que destruye veinte actos de bondad.[3]

La invalidación es como una enfermedad lenta y mortal que, una vez que se establece en una relación, se esparce y destruye los sentimientos positivos. Como dijo una esposa: «El llamado amigo con el que me casé se convirtió en mi enemigo con sus ataques inesperados. Me sentí disminuida, degradada y lentamente mi autoestima fue sucumbiendo. Creo que es por eso que nuestras peleas subieron tanto de tono. Tenía que luchar por sobrevivir».

Para mantener el amor y su matrimonio vivos, elimine la crítica.

¿Cuál es su plan?

1. ¿Cuándo fue la última vez que peleó con su cónyuge? ¿Cómo se resolvió la disputa?
2. ¿Qué podría hacer de manera diferente la próxima vez?
3. Describa cómo se siente cuando lo critican.
4. Describa cómo puede transformar la crítica en comentarios positivos.

Notas

1. Sven Wahlroos, *Family Communication* [Comunicación familiar] (Nueva York: Harper & Row, 1974), pág. 3.
2. Clifford Notarius y Howard Markman, *We Can Work It Out* [Podemos encontrar la solución] (Nueva York: G. P. Putnam's Sons, 1993), pág. 28, adaptado.
3. Ibíd., págs. 123, 124, adaptado.

LOS MATICES MÁS SUTILES DE LA COMUNICACIÓN

Es una barrera que empuja a los demás hacia fuera. Expresa algo acerca de su deseo de crecer. Bloquea la comunicación. ¿Cómo se llama? *Estar a la defensiva*.

«No hice eso, solo pensaste que lo hice».

«Tú eres el que nunca escucha... no me señales con el dedo».

Estar a la defensiva tiene muchas formas y sabores: diga lo que diga su cónyuge, usted lo niega o insiste en que no tiene la culpa; o inventa excusas: «El perro se comió la lista que me diste»; o manifiesta una actitud defensiva en su lenguaje corporal.

Las palabras de su cónyuge (quejas o preocupaciones) le parecen un ataque o una información expresada en forma acentuada. La elección es suya; pero si sigue a la Biblia como su guía de comunicación, escuche esto: debe admitir cuando está equivocado.

Admita sus errores

A mucha gente le resulta difícil, cuando no imposible, decir: «Estoy equivocado; es probable que estés en lo cierto». Si es necesario, practique repitiendo esta oración de tal manera que esté en condiciones de decirla cuando sea necesario ante un desacuerdo o discusión con su cónyuge. Cuando admite sinceramente que está equivocado y que el otro tiene la razón, mejora su comunicación en grandes proporciones y profundiza su relación con su cónyuge.

Cuando sea apropiado, pida perdón. Santiago nos dice que confesemos nuestras ofensas los unos a los otros y que oremos unos por otros (véase Santiago 5:16).

Proverbios 28:13 tiene un buen consejo: «El que encubre sus pecados no prosperará; mas el que los confiesa y se aparta alcanzará misericordia».

Algunas veces tendrá que admitir que está equivocado frente a las críticas de su cónyuge y eso nunca es fácil. También puede ser tramposo. Asegúrese de no estar jugando al juego «Sé que fue mi culpa» con su cónyuge. Es fácil utilizar esa línea como medio para manipular al otro logrando que se disculpe y diga a cambio: «Bueno, supongo que yo también tengo algo de culpa».

Cuando se enfrente a la crítica de su cónyuge y sepa que es lo correcto, tenga en mente estos proverbios:

Pobreza y vergüenza tendrá el que menosprecia el consejo; mas el que guarda la corrección recibirá honra (Proverbios 13:18).

No rechaces la crítica; acepta todo el auxilio que puedas (Proverbios 23:12, La Biblia al Día).

Insignia honrosa es aceptar la crítica válida (Proverbios 25:12, La Biblia al Día).

Si realmente está equivocado, esté dispuesto a admitirlo. Diga algo así como: «Sabes, creo que yo tengo la culpa en este caso. Lamento lo que dije y haberte herido. ¿Qué puedo hacer para ayudar o para reparar el daño?»

Volvamos hacia atrás por un momento y consideremos los pasos que lo llevan a admitir que está equivocado. El primer paso es considerar la verdad de la crítica.

Evalúe la validez de la crítica

Entiendo que es más fácil decir este paso que hacerlo. Buscar la validez de una crítica puede asemejarse a buscar una aguja en un pajar; pero uno debe preguntarse: «¿Qué puedo aprender de esta experiencia? ¿Existe una pizca de verdad a la cual debo responder?» Esta pregunta lo trasladará de la posición defensiva en una relación a la de investigador.

Por más injusto que sea el ataque de su cónyuge, deje a un lado las expresiones negativas. Dele permiso a su compañero para que exagere. A su tiempo, las declaraciones exageradas se volarán como la paja y solo quedará la verdad. Siga buscando el grano de verdad y trate de identificar la verdadera causa de la crítica de su cónyuge.

Identifique la raíz del problema

Trate de determinar con precisión lo que su cónyuge piensa que ha hecho o que no ha hecho. Es importante que comprenda la crítica desde el punto de vista de su cónyuge. Haga preguntas específicas tales como: «Por favor, ¿podrías explicarme mejor el punto principal?» o «¿Puedes darme un ejemplo específico?» Suponga que su cónyuge le dice: «¡Eres la persona menos considerada del mundo!» Esta es una declaración amplia y general. Desafíelo a que identifique las maneras específicas en las que ha actuado desconsideradamente. Pídale ejemplos de su relación. Siga escarbando hasta que aparezca la raíz.

Piense en aquello de lo que se le acusa

Algunas veces, el proceso de investigar una acusación o una crítica pueden abrumarlo con ira, confusión o frustración. En medio del torrente de esas emociones, su mente puede quedar en blanco. Necesita tiempo para pensar antes de responder. ¿Cómo puede hacerlo?

En primer lugar, permítame advertirle cómo *no* hacerlo. No pregunte: «¿Puedo tomarme un minuto para pensar en esto?» No necesita el permiso de nadie para tomarse tiempo para pensar. Y no diga: «¿Estás seguro de que estás mirando esta situación con precisión?» Esta pregunta le da a su cónyuge la oportunidad de hacer otro juicio de valores sobre el tema y le otorga un poder innecesario.

Es mejor decir: «Me voy a tomar unos minutos para pensarlo», o: «Esa perspectiva es interesante. Necesito pensar al respecto». Luego pregúntese a sí mismo: *¿Cuál es el punto principal aquí? ¿Qué es lo que él (o ella) desea que suceda como resultado de nuestra discusión?* Algunas veces, sirve de ayuda clarificar ese punto con su cónyuge preguntándole: «¿Qué esperas que cambie en mí como resultado de esta discusión? Realmente estoy interesado en saberlo».

Responda positivamente y con confianza

Una vez que se ha expuesto el problema central, explique sus acciones sin ponerse a la defensiva ante el ataque. Creo que la gente que critica a los demás espera que sus víctimas se pongan a la defensiva, a pesar de que algunas veces estas críticas digan: «Desearía que no se pusiera tan a la defensiva cuando hago una sugerencia» (¡la palabra que usan para referirse a una demanda crítica!). Las personas que critican dicen que desean que sus cónyuges no estén a la defensiva, pero muchas veces se ven sacudidos hasta las entrañas cuando alguien le hace frente a la crítica. Cuando usted sabe que lo que se ha dicho es correcto, exprese su acuerdo y dígale a su cónyuge qué es lo que hará de manera diferente la próxima vez.

No hable demasiado

La excesiva conversación puede sacarlo de quicio, especialmente si tenemos la tendencia a ser personas de pocas palabras. Algunas personas tienden a hablar y hablar o a repetir lo que han dicho; otros hacen una combinación de las dos. Considere lo que la Palabra de Dios nos dice acerca de la excesiva charla:

El dominio de sí mismo consiste en dominar la lengua. La contestación apresurada puede arruinarlo todo (Proverbios 13:3, La Biblia al Día).

Sabio es el hombre de pocas palabras y voluntad resuelta; por lo tanto, hasta al necio se le tiene por sabio cuando calla. Vale la pena que tenga la boca cerrada (Proverbios 17:27,28, La Biblia al Día)

ALGUNOS CONSEJEROS SUGIEREN QUE DURANTE UNA DISCUSIÓN DIFÍCIL, CADA UNO DE LOS PARTICIPANTES NO DEBIERA USAR MÁS DE DIEZ PALABRAS CADA VEZ QUE DICE ALGO.

Al necio no le complace el discernimiento; tan solo hace alarde de su propia opinión (Proverbios 18:2, NVI).

El que refrena su boca y su lengua se libra de muchas angustias (Proverbios 21:23, NVI).

¿Suficiente? Hay un momento para hablar y un momento para callar. Algunos tipos de personalidades tienen la tendencia a hablar más que otros. A ellos los llamamos *los que amplían*. Cuando hablan, dan una elaborada cantidad de detalles. No hay problema cuando hablan con otros que usan el mismo estilo, pero si se encuentran en conversación con *los que condensan* —los de pocas palabras— estos últimos pueden sentirse apabullados.

Algunas veces sería importante dejar que entre en juego el principio de «lo que es necesario saber», especialmente tratándose de personas que tienden a dar información que no viene a propósito

> ALGUNAS PERSONAS USAN EL SILENCIO PARA EVITAR LA CONTROVERSIA O COMO UN ARMA PARA CONTROLAR, FRUSTRAR Y MANIPULAR. CUANDO EL SILENCIO PREVALECE, HAY POCA OPORTUNIDAD DE RESOLVER PROBLEMAS Y DE SEGUIR HACIA DELANTE EN UNA RELACIÓN.

con lo que se está discutiendo. Cuando la persona con la que está hablando no necesita toda la información o no está interesada, dele solo la línea principal. Quieren la versión condensada del *Selecciones del Reader's Digest* y no la novela completa. Algunos consejeros sugieren que durante una discusión difícil, cada uno de los participantes no debiera usar más de diez (eso es, diez) palabras cada vez que dice algo. ¿Por qué no intentarlo?

¿Qué piensa?

1. ¿Usted es de los que condensan o de los que expanden? ¿Siempre es así o hace excepciones con algunas personas?
2. ¿Cuál Escritura de esta última sección, si la aplicara a su vida, le ayudaría más en su relación con su cónyuge?

El silencio no siempre es oro

Algunos toman el principio de no hablar demasiado al extremo de no decir casi nada. En realidad, se sienten justificados para usar el tratamiento del silencio. Existen numerosas razones para esta respuesta.

Algunas personas usan el silencio como un medio para evitar la controversia o como un arma para controlar, frustrar y manipular. Algunas veces, un esposo o una esposa siguen el camino del silencio porque parece que es el menos doloroso: tal vez a uno de ellos no le gusta escuchar, o alguno se ha sentido tan herido que prefiere no hablar.

Aquí tenemos el modelo típico que resulta del uso del silencio: cuando el matrimonio no se comunica debido a que uno de ellos está en silencio, ambos experimentan frustración y les parece cada vez más inútil hablar, siendo estos los componentes del problema del silencio. Cuanto más trata la persona comunicativa de hablar, más se encierra en su caparazón la persona silenciosa. El comunicador se siente cada vez más inútil, fuera de lugar y herido, y puede intentar gritar y hasta actuar con violencia en un intento por hacer que el compañero silencioso hable. Esto es inútil, porque lo único que se logra es que el cónyuge silencioso se sumerja en un silencio más profundo. Cuando le decimos a una persona silenciosa: «¿Por qué no me dices algo?», o: «Por favor, di algo; ¿por qué no nos podemos comunicar?», o expresa ruegos similares, generalmente lo único que hace es reforzar su silencio. El silencio puede comunicar una multitud de cosas: felicidad, satisfacción, una sensación de contentamiento y bienestar; pero con mayor frecuencia comunica insatisfacción, desprecio, ira, malhumor y actitudes que dicen: «Me importa un bledo», o: «Ya vas a ver». Cuando el silencio prevalece, hay poca oportunidad de resolver problemas y de seguir hacia delante en una relación. «Háblame», rogamos, y nuestro cónyuge se enoja o continúa retrayéndose en el silencio. Muchos de nosotros usamos el silencio como un arma.

Aquí tenemos algunas preguntas y comentarios que pueden ser maneras eficaces de responder al silencio: «¿Qué piensas acerca de lo que te pregunté?», o: «Tu silencio me dice algo, ¿qué tratas de comunicarme?», o: «Me gustaría hablar contigo acerca de tu silencio y del efecto que tiene sobre mí, pero primero me gustaría escuchar lo que tú piensas acerca de tu silencio».

Otro enfoque podría ser: «He notado que hay momentos en los que te resulta difícil hablarme. ¿Hay algo que yo hago que hace que te resulte tan difícil hablarme y prefieres permanecer en silencio?» Si su cónyuge le da una respuesta, permítale hablar. No intente defenderse. Agradézcale por lo que le ha dicho. Si su cónyuge no le dice qué es lo que espera que usted cambie, pídale una sugerencia.

A la larga, el silencio no da resultado. A pesar del dicho: «El silencio es oro», también puede ser cobardía. No se esconda detrás del silencio porque tiene temor de tratar un asunto.

Evite los regaños y sus variantes

«Regaño», ¿no es una palabra que suena graciosa? Sin embargo, puede traer la miseria a una relación. Algunos han dicho que el regaño constante puede convertir la vida diaria en una tortura. Esta afirmación es muy fuerte, pero el regaño es una técnica comunicativa destructiva e injusta. ¿Alguna vez escuchó a alguien decir: «Disfruto regañando; en realidad, me encanta regañar»?

Permítame clarificarle este punto. Hacer recordar no es lo mismo que regañar. Generalmente, cuando recordamos algo, lo hacemos de manera amigable. El regaño no es amigable. Por lo general, cuando se hace recordar algo, se acepta. El regaño no se acepta. El diccionario afirma que el regaño es una crítica persistente que crea irritación en el que la recibe. Por lo común, se lo identifica por el tono de voz. Al mismo tiempo, casi siempre hay algo de exageración en él. Cuando usa palabras como «nunca», «siempre» o «todo el tiempo», la otra persona citará las excepciones y se pondrá a la defensiva. Las verdades que se esconden en sus regaños no se escucharán.

Algunos dicen que las únicas veces en que reciben una respuesta de su compañero o compañera es cuando regañan, por lo tanto, debe dar resultado. ¿No será que han entrenado y condicionado al cónyuge a lo largo de los años para que no responda hasta que la voz alcance cierta octava y cierta intensidad? ¿Algunas veces trata de hablarle a su cónyuge...

- cuando se encuentra en otra habitación? (No tiene idea de qué es lo que está haciendo el otro).
- cuando anda a las apuradas haciendo dos o tres cosas a la vez? (¿A qué actividad se refiere?)
- mientras él o ella miran televisión? (Si se trata de deportes, ¡buena suerte!)
- mientras hace todo lo que se ha mencionado a la vez? (¡Eso es un desastre!)
- sirve de ayuda si usted...
- se asegura de que su cónyuge no se encuentre involucrado en algo que le impida conectarse con usted.
- deja de hacer lo que está haciendo y se dirige adonde está su cónyuge.
- mira a su cónyuge a los ojos mientras habla lentamente, en voz baja y agradable, con la mano suavemente apoyada sobre el hombro del otro; se asombrará de la diferencia que existe en la respuesta.

Cuando pida algo, nunca acepte la respuesta «Lo haré luego» sin definir lo que significa la palabra «luego». A usted le puede parecer que luego quiere decir dos horas, mientras que la otra persona está pensando en dos días.

Algunas veces invitamos al regaño. Un hombre vino en busca de consejo y dijo: «Nuestro matrimonio es bastante bueno excepto por un problema. ¡Mi esposa tiende a regañarme de cuando en cuando!»

Le pregunté a qué se refería al decir «regañar».

«Bueno, en la última semana me preguntó tres veces si iba a limpiar el garaje. A eso me refiero».

Le respondí que eso me sonaba más a un recordatorio que a un regaño.

Él me dijo: «Regaño o recordatorio da igual. ¡Lo único que quiero es que no lo haga más!»

A esta altura, decidí unirme a él en lugar de debatir y le dije:

—Sabe, estoy de acuerdo con usted. Pienso que sería una buena idea si no lo hiciera más, y creo que tengo una idea para lograr que deje de hacerlo.

Abrió bien grandes los ojos.

—¿De verdad?

—Sí, de verdad. Es sencillo. Si usted ha dado cualquier indicio de que limpiará el garaje, solo cumpla con su compromiso y su esposa no se sentirá forzada a recordárselo.

No le gustó lo que le dije por una buena razón: eso era exactamente lo que había sucedido. Había dicho que iba a limpiar el garaje y luego no lo había hecho. Cada vez que nos recuerden algo (o que nos regañen), pensemos si hay algo que hemos hecho o hemos dejado de hacer que pueda contribuir al regaño. Es algo para tener en cuenta.

Escuché la historia de una esposa que le pidió a su esposo que arreglara algo en la casa y él estuvo de acuerdo en hacerlo. Lamentablemente, pospuso una y otra vez la tarea, pero no quería que ninguna otra persona lo hiciera. Quería ahorrar el dinero que le costaría pedirle a alguien que lo hiciera y además le parecía que podía hacer un mejor trabajo. Como no pasaba nada, los recordatorios de la esposa se transformaron en regaños.

La pareja fue a ver a un consejero que sugirió que cuando la esposa notara que algo necesitaba reparación, le iba a pedir al esposo que lo hiciera. Si él estaba de acuerdo, lo pondrían en el calendario. Tendría quince días para arreglar lo que necesitaba reparación y durante este tiempo ella no diría una palabra. Si el esposo no lo había arreglado al cumplirse los quince días, ella llamaría a alguien para que hiciera el trabajo y él pagaría la cuenta sin decir una palabra. Llegaron a este acuerdo y la esposa una sola vez tuvo que llamar a alguien para que hiciera la reparación.

Aquí hay un principio que se aplica a cualquier área del matrimonio: Si lo que hace no da resultado, ¿para qué seguir haciéndolo?

¡Debe existir una manera mejor! ¡Encuéntrela y póngala en práctica![1]

La Escritura nos dice:

No hables tanto; continuamente te pones en ridículo. Sé inteligente; deja la habladuría (Proverbios 10:19, La Biblia al Día).

Panal de miel son las palabras amables: endulzan la vida y dan salud al cuerpo (Proverbios 16:24, NVI).

El que perdona la ofensa cultiva el amor; el que insiste en la ofensa divide a los amigos (Proverbios 17:9, NVI).

Más vale habitar en un rincón de la azotea [de los techos planos orientales, expuesto a las inclemencias del tiempo] que compartir el techo con mujer pendenciera (Prov. 21:9, NVI).

(De paso digo, tanto los hombres como las mujeres son capaces de ser regañones.)

Patrick Morley nos ha dado un pensamiento elegido acerca de nuestra comunicación como esposos y esposas:

Las palabras son las ventanas del alma. Ellas escoltan a mi compañera hacia el interior de mi ser y me guían a mí al interior de sus pensamientos más íntimos. Las palabras dan forma y expresión a nuestros pensamientos más profundos. Son valiosas.

Las utilizamos para pintar el retrato del amor que sentimos el uno hacia el otro. «Me encanta la forma en que te peinas». Unas pocas palabras sinceras acomodadas con habilidad pueden elevar el espíritu de su compañera hasta los cielos. Las palabras son hermosas.

Cautivan la intensidad pura de nuestra pasión. Mark Twain dijo: «Un agente poderoso es la palabra correcta». Pueden ser como la válvula de presión que deja escapar el vapor de la olla. O como la flecha que da en el blanco y sana al compañero herido. Las palabras son poderosas.

Algunas veces, sin embargo, las palabras no nos vienen a la boca. No podemos encontrar aquellas que expresen nuestros sentimientos más profundos. El lenguaje puede resultar inadecuado para darle forma a lo que queremos significar. Algunas veces, la palabra correcta nos elude por completo. Otras veces, nos hace burla, zumbando alrededor de nuestra cabeza pero sin aterrizar el tiempo suficiente como para que la capturemos. Y algunas veces, la palabra que se nos ocurre no alcanza para expresar la belleza del sentimiento. Mark Twain también dijo: «La diferencia entre la palabra correcta y la casi correcta es la misma que existe entre la iluminación y la luz de una luciérnaga». Las palabras pueden ser inadecuadas.

Es deber de todo esposo y esposa saber los momentos en los que deben decir palabras de aliento, de consuelo, de desafío y de inspiración a sus cónyuges. Somos responsables de nutrirnos mutuamente. De la misma manera, es responsabilidad de todo esposo y esposa saber cuándo deben permanecer callados. Hay momentos de silencio en los que la forma más alta del amor que podemos expresar puede ser una mano apoyada suavemente sobre el hombro o la mano de nuestro cónyuge.

Nunca deje de decir algún pensamiento o sentimiento que pueda edificar y animar a su cónyuge. Es el ministerio de las palabras. Y en otro sentido, nunca diga algo que sería mejor que quedara en el silencio. Hay un tiempo para todo.[2]

¿Qué piensa?

1. Haga una lista de cinco cosas que le haya pedido (o regañado) a su cónyuge en lo que él o ella no haya cambiado o mejorado ni un poquito. ¿Por qué quiere que cambie en esas áreas? ¿Estos cambios de comportamiento lo acercarían más a estar en armonía con las Escrituras? ¿De qué otra manera puede hacer que su cónyuge cambie en lugar de seguir mencionándoselo (regañando)?

2. Haga una lista de cinco cosas que su cónyuge le haya pedido (o regañado) en lo que usted no haya cambiado, ya sea porque no pudo o porque no quiso hacerlo.

3. De todos los puntos enumerados en la pregunta 2, ¿cuáles hubiera podido corregir si realmente lo hubiera deseado?

Existen otras dos guías provenientes de la Palabra de Dios. En primer lugar, *No responda enojado; es mejor utilizar una respuesta amable* (véase Proverbios 14:29; 15:1; 25:15; 29:11; Efesios 4:26,31. Y la otra, sobre la cual nos explayaremos en el siguiente capítulo es: *Escuche a su cónyuge* (véase Proverbios 18:13; Santiago 1:19).

La Palabra de Dios nos da la guía efectiva que debemos seguir. Existen principios adicionales, que también examinaremos, pero para cualquiera de estas líneas y principios todo se resume en tres cosas: seguirlos, aplicarlos y orar para que el Espíritu Santo lo ayude a recordarlos y seguirlos.

Todos tenemos esta responsabilidad.

¿Cuál es su plan?

1. Siéntese con su cónyuge y conversen acerca de los principios que se han discutido en este capítulo. Hagan un compromiso mutuo de tratar de seguirlos en el futuro.

Pónganse de acuerdo para estar disponibles el uno para el otro y piensen en un plan para evaluar regularmente si están teniendo éxito.

2. Si alguno de ustedes viola cualquiera de los principios, ¿cómo manejarán la violación? Haga una lista de ideas de cómo proceder que ambos estén dispuestos a aceptar y a cumplir.

Notas

1. Sven Wahlroos, *Family Communication* [Comunicación familiar] (Nueva York: Macmillan, 1974), págs. 189-205, adaptado.
2. Patrick Morley, *Two-Part Harmony* [Una armonía de dos] (Nashville, Tenn.: Thomas Nelson, 1994), págs. 60, 61.

EL DON DE ESCUCHAR

Uno de los mejores regalos que una persona le puede dar a otra es el don de escuchar. Puede ser un acto de amor y cuidado; pero hay demasiadas parejas que solo se *oyen* el uno al otro. Hay pocas que realmente se *escuchan*.

Alguien dijo que si pudiéramos escuchar todas las conversaciones del mundo que se desarrollan entre matrimonios, veríamos que en su mayor parte son diálogos de sordos.

¿Sabe lo que es que alguien lo escuche, no que solo lo oiga, sino que realmente lo escuche? Mire los versículos de la Palabra de Dios que nos dicen de qué manera él nos escucha:

Los ojos de Jehová están sobre los justos, y atentos sus oídos al clamor de ellos. La ira de Jehová contra los que hacen mal, para cortar de la tierra la memoria de ellos. Claman los justos, y Jehová oye, y los libra de todas sus angustias. Cercano está Jehová a los quebrantados de corazón; y salva a los contritos de espíritu (Salmos: 34:15-18).

Amo a Jehová, pues ha oído mi voz y mis súplicas; porque ha inclinado a mí su oído; por tanto, le invocaré en todos mis días (Salmos: 116:1,2).

Al que responde palabra antes de oír, le es fatuidad y oprobio (Proverbios: 18:13).

Justo parece el primero que aboga por su causa; pero viene su adversario, y le descubre (Proverbios: 18:17).

El sabio aprende escuchando; el simple sólo aprende al ver el castigo de los escarnecedores (Proverbios 21:11).

Clama a mí, y yo te responderé, y te enseñaré cosas grandes y ocultas que tú no conoces (Jeremías: 33:3).

Por esto, mis amados hermanos, todo hombre sea pronto para oír (Santiago: 1:19).

¿A qué nos referimos cuando decimos escuchar? ¿A qué nos referimos cuando decimos oír? ¿Existe una diferencia? Cuando oímos obtenemos contenidos o información para nuestros propios propósitos. Escuchar implica preocuparse por la persona que está hablando y demostrarle nuestra empatía. Oír quiere decir que usted está preocupado por lo que sucede dentro de *usted* durante la conversación. Escuchar significa tratar de entender los sentimientos de *la otra persona* y escucharlo por el bien del otro.

Permítame darle una triple definición de escuchar cuando tiene que ver con lo que su cónyuge le dice:

1. Escuchar significa que no está pensando en lo que va a decir cuando él o ella dejen de hablar. No está ocupado preparando la respuesta. Está concentrado en lo que le dicen y pone en práctica Proverbios 18:13 (NVI): «Es necio y vergonzoso responder antes de escuchar».

2. Escuchar significa aceptar completamente lo que se está diciendo, sin juzgar lo que la persona dice ni cómo lo dice. Si no le gusta el tono de voz de que su cónyuge emplea al

hablarle y usted reacciona de inmediato, es probable que pierda el significado. Es probable que su cónyuge no lo haya dicho de la mejor manera, pero, ¿por qué no escuchar y más tarde volver sobre el tema —cuando ambos estén en calma— para hablar acerca de las palabras apropiadas y del tono de voz? La aceptación no quiere decir que está de acuerdo con el contenido de lo que dice su cónyuge; quiere decir que reconoce y comprende que él o ella está diciendo algo que siente.

3. Escuchar significa poder repetir lo que su cónyuge ha dicho y expresar lo que le parece que captó en cuanto a sus sentimientos mientras le hablaba a usted. El verdadero acto de escuchar implica tener interés en los sentimientos y opiniones de su cónyuge e intentar comprenderlos desde la perspectiva del otro.

«Escuchar es prestar atención a lo que está sucediendo. Es una apertura activa hacia su cónyuge. Escuchar es poner todo su ser en una posición capaz de responder a todo lo que al otro le preocupa y expresa verbalmente, sea lo que sea.»[1] Escuchar al cónyuge significa dejar de lado nuestras preocupaciones, deseos y todo lo que hayamos invertido en nuestra propia posición durante el tiempo suficiente como para considerar a la otra persona. Cuando uno es el que habla, por lo general no aprende, pero sí se aprende cuando se escucha.

Escuchar es una habilidad que se aprende. Se puede enseñar a la mente y a los oídos a escuchar más atentamente; se puede enseñar a los ojos a ver más claramente. También se puede aprender a *escuchar* con los ojos y a *ver* con los oídos. Jesús dijo: «Por eso les hablo por parábolas: porque viendo no ven, y oyendo no oyen, ni entienden. De manera que se cumple en ellos la profecía de Isaías, que dijo: De oído oiréis, y no entenderéis; y viendo veréis, y no percibiréis. Porque el corazón de este pueblo se ha engrosado, y

> EL VERDADERO ACTO DE ESCUCHAR IMPLICA TENER INTERÉS EN LOS SENTIMIENTOS Y OPINIONES DE SU CÓNYUGE E INTENTAR COMPRENDERLOS DESDE LA PERSPECTIVA DEL OTRO.

con los oídos oyen pesadamente, y han cerrado sus ojos; para que no vean con los ojos, y oigan con los oídos, y con el corazón entiendan, y se conviertan, y yo los sane» (Mateo 13:13-15).

Deje que sus oídos oigan y vean.

Deje que sus ojos vean y oigan.

La palabra «oír» en el Nuevo Testamento, por lo general, no se refiere a una experiencia auditiva si no a prestar atención. Cuando escucha a su cónyuge necesita prestar atención a lo que está diciendo. Requiere que sintonicemos la frecuencia adecuada.

Si escucha, se aventura en las vidas de las otras personas. Pronto nos damos cuenta de quiénes son los que realmente nos toman en serio y escuchan lo que decimos, y tendemos a abrir más nuestras vidas con estas personas que con los que están demasiado ocupados como para escuchar. Compartimos lo que en verdad importa. Por lo tanto, si usted es alguien que escucha de esta manera, tiene buenas probabilidades de que los demás lo inviten a entrar a sus vidas. Como saben que los escuchará, le confiarán cosas que significan mucho para ellos. Y esto, también, es muy gratificante.[2]

Gracias a mi hijo Matthew, que no tenía un vocabulario, aprendí a escuchar con los ojos. Aprendí a leer los mensajes en sus señales no verbales. Esto tradujo a mis oídos lo que las personas a quienes aconsejo no pueden decir en palabras. Aprendí a escuchar el mensaje detrás del mensaje: el dolor, la herida, la frustración, la pérdida de esperanza, el temor al rechazo, la sensación de haber sido traicionado, el gozo, el deleite, la promesa de cambio. También aprendí a leer lo que veo en la cara de la persona a la cual aconsejo, en su postura y en su manera de caminar. Luego, le digo lo que veo. Esto le proporciona la oportunidad de explicar más a fondo lo que piensa y siente. *Sabe* que estoy en sintonía con él.

Cómo nos comunicamos

Cada mensaje tiene tres componentes: (1) el verdadero contenido, (2) el tono de voz y (3) la comunicación no verbal. Es posible usar la misma palabra, la misma afirmación o pregunta y expresar muchos mensajes diferentes, solo cambiando el tono de la voz o el movimiento del cuerpo. La comunicación no verbal incluye la expresión facial, la postura del cuerpo y los gestos o acciones.

Los tres componentes de la comunicación deben complementarse para que un sencillo mensaje se transmita. Se ha sugerido que la comunicación exitosa consiste en 7% de contenido, 38% de tono de voz y 55% de comunicación no verbal. Por lo general somos conscientes del contenido de lo que estamos diciendo, pero no lo somos tanto de nuestro tono de voz. Tenemos la capacidad de darle a una oración una docena de significados diferentes sencillamente cambiando el tono de voz. Alguna vez, grabe algunas de las conversaciones durante la cena y luego siéntese a escucharse. Se asombrará.

Cuando un hombre le dice a su esposa, en el tono de voz apropiado, «Querida, te amo», pero esconde la cabeza detrás del periódico, ¿cuánto le puede creer su mujer? Cuando una mujer pregunta: «¿Cómo te fue hoy?» en un tono de voz soso, mientras pasa junto a su esposo dirigiéndose hacia otra habitación, ¿a qué responde él: al mensaje verbal o al no verbal?

Un esposo, al partir hacia el trabajo, se acerca a su esposa, le sonríe, le da un abrazo y un beso y le dice con voz amorosa:

«Realmente te amo». Cuando se va, ella se siente muy bien. Pero cuando se da cuenta de que el periódico quedó en el medio de la habitación, el pijama sobre la cama, los calcetines sucios sobre el piso y la pasta dentífrica abierta y la tapa caída en la pileta, sus buenos sentimientos comienzan a disiparse. Le ha dicho a su esposo lo importante que es para ella que asuma la responsabilidad de dejar las cosas que usa limpias y en orden, pero nuevamente él no ha tenido cuidado. Le creyó la declaración de amor cuando partió hacia el trabajo, pero ahora se pregunta: *Si realmente siente lo que dijo, ¿por qué no lo demuestra asumiendo alguna responsabilidad? Me pregunto si realmente me ama.* Las primeras acciones de este hombre se contradijeron con su mensaje de amor, a pesar de que pueda haberlo transmitido en la forma correcta.

Con respecto a la comunicación no verbal, el doctor Mark Lee escribe:

Los problemas matrimoniales pueden surgir de una comunicación no verbal insatisfactoria. Las variables vocales son importantes vehículos del significado. Interpretamos el sonido de la voz, tanto en forma consciente como inconsciente. Podemos interpretar el significado emocional del hablante a través del tono de voz, la velocidad del discurso, el volumen de la voz y su característica; y descifrar la sinceridad o la insinceridad, la convicción o la falta de ella, la verdad o la falsedad de la mayoría de las oraciones que escuchamos. Cuando la voz se eleva en tono y volumen, las palabras no transmitirán el mismo significado que cuando se dicen suavemente y en un registro bajo. El tono de voz agudo, fuerte, la velocidad del discurso y una característica áspera, es probable que comunicará un grado de emoción que enturbiará en gran manera el mensaje verbal. La persona que escucha registra con más facilidad la manera no verbal en que se entrega un mensaje. Puede quedar en el recuerdo o no. Sin embargo, el comunicador tiende a recordar lo que dijo más que la manera en que lo dijo».[3]

Cómo escuchamos

Existen muchas maneras de escuchar. Algunas personas escuchan para obtener hechos, información y detalles que les sirvan para su propio uso. Otros escuchan porque sienten lástima por la persona que les habla. Algunos escuchan los chismes porque se deleitan en la jugosa historia de los fracasos y las dificultades de otro. En algunas ocasiones, la gente escucha por mera obligación, simplemente por la necesidad de ser amables. Algunos, escuchan porque son curiosos que tienen una incesante necesidad de espiar y sondear las vidas de los demás.

Algunas personas escuchan porque se preocupan. Escuchar y oír con sensibilidad es una puerta abierta a la intimidad. Pero muchas veces, el potencial para escuchar permanece intacto dentro de nosotros como una carga de oro adentro de la mina, debido a barreras que inhiben nuestra capacidad de escuchar.

¿Por qué escucha? ¿Cuáles son sus motivaciones? ¿Alguna o todas las mencionadas anteriormente? La acción de escuchar que surge de la preocupación por el otro construye la cercanía, refleja amor y es un acto de gracia.

¿Qué piensa?

1. Describa su tono de voz cuando está disgustado. ¿Cómo lo describiría su cónyuge?
2. ¿Cuáles son algunas de sus características no verbales positivas? ¿Cuáles son las negativas?
3. ¿Cuáles son algunas de las características no verbales positivas de su cónyuge? ¿Cuáles son las negativas?
4. ¿Qué tono de voz y qué gestos no verbales ayudarían a la comunicación en su matrimonio?

¿Se da cuenta de que el que escucha y no el que habla es el que controla la conversación? Probablemente no, ya que la mayoría de nosotros funcionamos basados en el mito de que cuanto más hablamos, más influimos al que nos escucha. Si las dos personas involucradas en una conversación creen esto, la conversación aumenta y se vuelve más intensa, haciendo que las palabras vuelen por el aire sin encontrar un lugar adonde aterrizar. ¡Prevalece la sordera!

¿A qué me refiero cuando digo que el que escucha es el que controla la conversación? Compare escuchar con conducir un automóvil. La persona que habla se puede comparar con el motor; la que escucha, con el que está al volante. El motor proporciona la energía, pero la persona que está al volante tiene el poder de decidir adónde irá el automóvil. Usted, el que escucha, puede impartirle dirección y guía al flujo de la conversación a través de las declaraciones o las preguntas que hace.

Esto es lo que llamamos *parafrasear*. Cuando parafrasea lo que la otra persona dice, esta continuará hablando. Y cuando esté de acuerdo verbalmente con el que habla, hará que esa persona comparta aun más cosas.

He escuchado a la gente decir: «Cuando escucho, parece que lo que logro es que la otra persona hable, hable y hable. ¿Por qué?» Tal vez, en un comienzo sea así, pero si permanece en perfecto silencio, crea una tensión tan grande en la persona que habla que tiene que comenzar a detenerse. No estoy hablando de usar el tratamiento del silencio: esa arma injusta y devastadora que con el tiempo erosiona una relación. Pero al no responder, le permite al otro individuo saber que usted ha terminado con su parte de la conversación y que su silencio señala el hecho de que la comunicación es un proceso de dar y recibir.

¿Por qué escuchamos a los demás? En parte, porque nos han enseñado a hacerlo. Pero existen cuatro razones básicas por las cuales escuchamos a la gente:

1. Para comprender a la otra persona.
2. Para disfrutar de ella.
3. Para aprender algo del que está hablando (como por ejemplo, aprender su lenguaje).
4. Para ayudar, asistir o consolar al otro.

El mundo está lleno de personas que aparentan escuchar y que disfrazan el verdadero producto; pero cualquiera que no haya escuchado, impulsado por las razones anteriores, realmente no ha escuchado.

Las barreras para escuchar

Para que se produzca el acto de escuchar con atención, necesitamos ser conscientes de algunos de los obstáculos comunes en la comunicación. He identificado nueve obstáculos posibles para escuchar.

Estar a la defensiva

Perdemos el mensaje si nuestras mentes están ocupadas pensando en refutar, presentar excusas u objeciones a lo que nuestro cónyuge nos está diciendo.

Existe una variedad de respuestas defensivas. *Tal vez, lleguemos a una conclusión prematura.* «Muy bien, yo sé qué es lo que vas a decir. Ya hemos discutido esto anteriormente y es siempre lo mismo».

Podemos leer en las palabras de nuestro cónyuge nuestras propias expectativas o proyectos con respecto a él o a ella, lo que nosotros hubiéramos dicho en la misma situación. David Augsburger escribe:

> Prejuzgar una comunicación como carente de interés o de importancia levanta la carga de tener que escuchar y libera la atención para que vague por cualquier otra parte. Pero se está engañando a dos personas: al otro no se le está prestando oído justamente, y el que escucha se ve privado de lo que pudiera

ser información útil. Quiero cancelar todo juicio por adelantado —prejuzgar— y reconocer lo que realmente es: un prejuicio. Deseo escuchar al otro de una manera nueva y fresca con todas las energías que tenga disponibles.[4]

Los otros dos indicadores defensivos pueden ser: *ensayar nuestras respuestas* y *responder a las palabras explosivas*.

Ensayar una respuesta (al igual que otras posturas defensivas) no es lo que la Escritura nos llama a hacer al escuchar. «Al que responde palabra antes de oír, le es fatuidad y oprobio» (Proverbios 18:13).

Las palabras explosivas generan un estallido interior de emociones. Estas palabras incluyen frases tales como: «Eso es grosero»; «Típico de una mujer (o de un hombre)»; «*Siempre* llegas tarde»; «*Jamás* me preguntas qué es lo que pienso»; «Cada vez te pareces más a tu madre». No solo reaccionamos ante las palabras explosivas, sino que también podemos escoger conscientemente el uso de algunas palabras que hagan que a nuestro cónyuge le resulte difícil escuchar. ¿Cuáles son las palabras que lo sacan de quicio? ¿Cuál es la lista de palabras explosivas de su cónyuge?

No siempre expresamos abiertamente que estamos a la defensiva. Por afuera podemos estar de acuerdo, pero en nuestro interior estamos diciendo exactamente lo contrario. Si su cónyuge lo confronta con alguna clase de comportamiento o actitud, ¿acepta la crítica o se defiende?

Parcialidad personal

Podemos actuar con parcialidad frente a una persona que habla en determinado tono de voz, a alguien de un determinado grupo étnico, a alguien del sexo opuesto, a alguien que nos recuerda a una persona de nuestro pasado y demás, lo cual hace que la rechacemos sin escuchar lo que tiene que decirnos. En efecto, estamos diciendo: «Si eres... (y a mí no me gusta la gente que es...), no necesito escucharte».

Nuestra parcialidad afectará la manera en que escuchemos. Por ejemplo, sería más fácil escuchar a una persona enojada que a una sarcástica; algunos tonos de voz o frases nos pueden resultar placenteros mientras que otros nos molestan; las frases repetitivas que usa una persona (y de las cuales puede no ser consciente) pueden molestarnos; los gestos excesivos, tales como hablar con las manos o agitar lo brazos, pueden ser un motivo directo de distracción.

Algunas personas se distraen mientras escuchan, debido al sexo del que habla. Están influidos por sus expectativas en cuanto a lo que es apropiado que un hombre comparta o no, y a lo que es apropiado que una mujer comparta o no. Algunas personas pueden escuchar más (o menos) atentamente a alguien que se encuentra en una posición superior o inferior a la de ellos, o en una posición prestigiosa. Los estereotipos que les asignamos a las personas influyen la manera en que las escuchamos.

Diferentes estilos de escuchar

Una persona escucha con optimismo y la otra con pesimismo. Yo escucho las malas noticias y usted escucha las buenas. Si su cónyuge le cuenta una situación difícil y frustrante, usted puede dejar de escuchar porque lo ve como una queja, o puede escuchar con más atención porque lo ve como un acto de confianza en usted.

La falta de comprensión de las diferencias de género al escuchar y conversar crean problemas. Las mujeres usan más respuestas verbales para *animar* al que habla. Tienen más tendencia que los hombres a usar señales como «mm-mmm» o «aaah» sencillamente para indicar que están escuchando.

El hombre usará esta respuesta solo cuando *esté de acuerdo* con lo que la esposa está diciendo. ¡Puede imaginarse cuál es el resultado! El esposo interpreta las respuestas de la esposa como señales de que está de acuerdo con él. Piensa: *¡Muy bien! ¡Trato hecho! ¡Podemos comprar ese nuevo automóvil deportivo!* Más tarde, descubre

AL VER EL CONTRASTE ENTRE LOS ESTILOS DE HABLAR Y DE ESCUCHAR DE LOS HOMBRES Y LAS MUJERES, ES FÁCIL COMPRENDER POR QUÉ SURGEN LOS MALENTENDIDOS.

que ella no estaba de acuerdo en absoluto. No se dio cuenta de que lo único que le estaba indicando era su interés en lo que él decía y en mantener el intercambio en marcha. Su esposa, por otra parte, puede sentirse que no es tomada en cuenta y desilusionada porque él no le da las mismas señales de que la está escuchando. Interpreta su silencio como falta de interés.

El hombre es más propenso que la mujer a hacer comentarios a lo largo de la conversación, pero una mujer se puede sentir molesta al ser interrumpida o al no recibir ninguna respuesta que le diga que la están escuchando. Es por esto que muchas esposas se quejan: «Mi esposo siempre me interrumpe», o «Nunca me escucha».

Cuando hablamos del estilo de comunicación de un hombre, aquí tenemos un resumen de algunas cosas que debemos tener en mente:

- Es más propenso a interrumpir a la otra persona, ya sea que se trate de un hombre o de una mujer.
- Es menos propenso a responder a los comentarios de la otra persona y, muchas veces, no responde en absoluto, da una respuesta tardía luego de lo que ha dicho la otra persona o muestra un mínimo grado de entusiasmo.
- Es más propenso a desafiar o discutir declaraciones hechas por su esposa, lo cual explica por qué los esposos parecen ser argumentativos.

- Tiende a expresar menos hechos u opiniones que una mujer.

Al ver el contraste entre los estilos de hablar y de escuchar de los hombres y las mujeres, es fácil comprender por qué surgen los malentendidos. Una esposa puede percibir con facilidad que su esposo no está interesado o no responde. Es probable que ese no sea el caso; simplemente es su manera de responderle a todo el mundo, no solo a ella. Si una esposa dice: «Él nunca me escucha», o «Está en desacuerdo con todo lo que digo», es más probable que sea un reflejo de su estilo de comunicación que de insensibilidad.

Comprender y aceptar estas diferencias le puede ayudar a aceptar el estilo de su cónyuge sin ofenderse. Este es uno de los primeros pasos de lo que llamamos *flexibilidad de género*: comprender las diferencias y hacer de ellas un punto de adaptación y hasta llegar a usar el estilo del otro género para tender un puente entre las diferencias (este concepto se ampliará luego).[5]

Luchas interiores

Se nos hace difícil escuchar cuando nuestra relación sentimental llega a un punto en el que no podemos separarnos de la otra persona. Es probable que le resulte más fácil escuchar los problemas de los demás que los de su cónyuge debido a su relación sentimental. También puede resultar difícil escuchar cuando nos echamos la culpa por las dificultades de nuestro cónyuge.

Lo que alguien dice, puede hacer que salgan a la superficie sentimientos amenazadores. Si tenemos temor de que nuestras emociones se activen, es probable que nuestra capacidad para escuchar se vea estorbada. Un hombre puede sentirse extremadamente incómodo cuando sus emociones suben a la superficie. ¿Puede recordar alguna vez en que estaba escuchando a una persona y se sintió tan avasallado por sus propios sentimientos que no pudo escuchar lo que el otro le decía?

Podemos sentir un impedimento para escuchar a alguien si la persona tiene ciertas expectativas con respecto a nosotros. Si la otra persona no nos gusta, probablemente no lo vamos a escuchar muy bien. Y si alguien habla en un tono de voz demasiado fuerte o demasiado suave, es probable que tengamos que luchar para seguir escuchando.

El hábito de interrumpir

Cuando nos parece que el otro no va al grano lo suficientemente rápido, es probable que comencemos a pedir información que, de todas maneras, se revelaría más tarde. ¿Alguna vez se ha encontrado diciendo: «Un momento. A raíz de lo que has dicho tengo un montón de ideas dándome vueltas en la cabeza. Escucha alguna de ellas...»? A nuestras mentes no les cuesta divagar porque pensamos cinco veces más rápido de lo que hablamos. Si una persona dice 100 palabras por minuto y usted escucha a un promedio de 500 por minuto, ¿qué puede hacer? Aunque procese la información más rápido de lo que puede ponerla en palabras, puede escoger entre seguirle el paso al que habla o dejar que su mente divague.

Sobrecarga mental

Tal vez alguien aparezca todavía con más información y usted no pueda manejarlo. Se siente bombardeado de todos lados y no tiene el tiempo suficiente para digerir lo que ya sabe. Su mente se siente como un malabarista que tiene demasiados objetos para hacer malabares y, así, se hace difícil escuchar cualquier cosa.

Mal momento

¿Alguna vez escuchó cometarios tales como: «¿Hablar? ¿Ahora? ¿A las 2:30 de la madrugada?» «Espera un minuto. Quedan solo 35 segundos para que termine el partido.» «Me gustaría escuchar pero llego tarde a una cita.» Elegir el momento adecuado para hablar puede ser de crucial importancia para el proceso de escuchar.

Agotamiento físico

Tanto la fatiga física como mental hacen que sea difícil escuchar. Hay veces en las que debe decirle a su cónyuge que ese no es un buen momento, pero asegúrese de decirle que luego estará en condiciones de escucharlo.

Atención selectiva

Otra manera de expresar este obstáculo es filtrar lo que se escucha, es decir, someter a la información que se escucha a un examen. Si tenemos una actitud negativa, podemos ignorar, deformar o rechazar un mensaje positivo. Con frecuencia, escuchamos lo que queremos escuchar o lo que encaja dentro del modelo de nuestra mente. Si entramos en el juego de seleccionar lo que escuchamos, es probable que hagamos lo mismo reteniendo selectivamente. Esto quiere decir que recordaremos solo ciertos comentarios y situaciones. David Augsburger describe el proceso de esta manera:

> La memoria es la editora más grande de todas, y descarta piezas importantes de información mientras que atesora nimiedades. Cuando trato de trabajar sobre un conflicto no resuelto que ha ocurrido hace tan solo una hora, encuentro que mi memoria —que para mí está completa, perfecta y sin modificaciones— es completamente diferente a la de mi compañera, que para mí es parcial, tiene su propia tendencia y tiene claras modificaciones. Los dos tenemos memorias selectivas.
>
> La selectividad es un activo. Nos libra de sobrecargarnos de estímulos, de información, de llenarnos de demandas de un entorno lleno de zumbidos y rumores.
>
> La selectividad también es un pasivo. Si niego que existe, no podré ver muchas cosas y ni podré ver que no puedo ver. Si finjo haberlo visto todo, entendido todo, recordado todo, muchas veces discutiré en vano o causaré

un intenso dolor a la relación debido a mi incapacidad para escuchar a la otra persona cuyos puntos de vista son igualmente buenos, aunque quizá sean tan parciales como los míos. Aunque pongamos lo mejor de nosotros mismos, siempre vamos a ver en parte, a comprender en parte y a recordar solo una pequeña parte.[6]

¿Qué piensa?

1. De los nueve obstáculos para escuchar que hemos enumerado, seleccione tres para trabajar durante esta semana, ¿cuáles elige?
2. ¿Sobre cuáles tres desearía trabajar su cónyuge?
3. Hablen acerca de sus listas para que puedan descubrir cómo ayudarse el uno al otro.

Cómo vencer los obstáculos para escuchar

¿Sabe qué es lo que le impide escuchar? ¿Quién es el responsable de poner obstáculos, usted o su cónyuge?

El paso inicial para vencer un obstáculo es identificarlo. De todos los obstáculos mencionados, ¿cuál identifica como propio? ¿Quién controla esta barrera, usted o el que habla? Tal vez, pueda reacomodar la situación o las condiciones para que escuchar sea una tarea más fácil. Es probable que necesite conversar para saber qué es lo que cada uno puede hacer para convertirse en alguien que escuche mejor.

Comprenda lo que siente por su cónyuge

¿En qué manera le parece que su cónyuge afecta la forma en que usted lo escucha o la escucha? La comunicación del compañero se ve coloreada por la manera en que usted lo ve a él o a ella. Esta visión puede haberse formado por las observaciones que ha hecho de conductas pasadas o por su propia actitud de estar a la defensiva.

Escuche con todo su cuerpo

Si su cónyuge le pregunta: «¿Me estás escuchando?», y usted le responde que sí mientras se aleja caminando, o sigue preparando la cena, o lavando los platos, tal vez no lo esté escuchando verdaderamente. Concéntrese en la persona y en el mensaje. Preste total atención. Apague la computadora o el televisor cuando haya un asunto importante para conversar; deje a un lado lo que está haciendo o escuchando.

Existen varias respuestas que puede usar para indicarle a su cónyuge que está captando todo lo que le está diciendo.

1. *Clarificar*. Esta respuesta dice mucho del verdadero significado e intención de lo que se ha dicho. «Creo que lo que me dices es que confías en que cumpliré con lo que te he prometido, pero todavía estás un poco preocupada porque estaré afuera justo antes de tu cumpleaños».

2. *Observar*. Esta respuesta se concentra en los elementos no verbales o en el tono que haya usado su cónyuge al hablar. «Me di cuenta de que tu tono de voz decaía cuando hablabas acerca de tu trabajo».

3. *Escuchar reflexivamente*. Una frase reflexiva intenta recoger los sentimientos que se han expresado. Por lo general se incluye en la respuesta una palabra que implica sentimientos, tal como: «Parece que esto te pone demasiado triste (feliz, encantado, enojado)».

4. *Preguntar*. Una pregunta saca más información acerca del significado de lo que se ha dicho. Una frase muy sencilla sería: «Me gustaría que me dijeras más acerca de eso».

Sea paciente

Si su cónyuge es lento o dubitativo al hablar, es probable que usted tenga la tendencia a entrometerse cada vez que encuentre un espacio abierto y finalice una oración o apure a su cónyuge para que lo haga. No puede suponer que realmente sabe lo que le va a decir. No puede leerle la mente a su compañero o compañera.

David Augsburger, en su libro *Caring Enough to Hear* [Me importa lo suficiente como para escuchar], enumera diez mandamientos para escuchar mejor. Estos mandamientos son un buen resumen de todos los principios que hemos discutido en este capítulo.

I. *En cuanto a juzgar*. Nunca juzgarás ni harás una evaluación hasta que no hayas entendido verdaderamente. («Hasta aquí llegamos, ya he escuchado suficiente como para saber dónde estás parado, y estás totalmente equivocado».)

II. *En cuanto a agregar puntos de vista*. No le atribuirás ideas ni contribuirás con tus puntos de vista a lo que se ha dicho. («Si quieres decir esto, significa tal cosa, lo cual quiere decir que te refieres a tal otra.»)

III. *En cuanto a suponer que están de acuerdo*. No supondrás que lo que has oído es lo que realmente se dijo o lo que se quiso decir. («Sé a lo que te refieres, digas lo que digas ahora. Yo te escuché con mis propios oídos.»)

IV. *En cuanto a la atención dispersa*. No permitirás que tus pensamientos se desvíen ni que tu atención se disperse. («Cuando dijiste eso, me hiciste acordar de una idea interesante que me gusta más que la tuya.»)

V. *En cuanto a cerrar la mente.* No cerrarás tu mente a los pensamientos que se opongan a los tuyos, ni tus oídos a las verdades que se opongan a las tuyas, ni tus ojos a otros puntos de vista. («Cuando usaste ese lenguaje sexista, no escuché nada más de lo que dijiste.»)

VI. *En cuanto a escuchar lo que uno quiere.* No permitirás que tu corazón gobierne tu mente, ni que tu mente gobierne tu corazón. («Yo sabía que ibas a decir eso; me lo supuse todo el tiempo.»)

VII. *En cuanto a los significados múltiples.* No interpretarás las palabras a menos que la persona que habla las interprete. («Si dejara de respirar, ¿expiraría o no?»)

VIII. *En cuanto a ensayar respuestas.* No usarás el tiempo de la otra persona para preparar tus propias respuestas. («No puedo esperar hasta que necesites tomar aire. ¡Te tengo una linda respuesta!»)

IX. *En cuanto a temerle al desafío.* No temerás a la corrección, a las mejoras o al cambio. («Estoy hablando más rápido para apabullarte porque no quiero escuchar lo que tienes que decirme.»)

X. *En cuanto a evadir la igualdad.* No demandarás tiempo en exceso ni dejarás de disponer de tu tiempo para escuchar y ser escuchado. («Deseo la misma cantidad de tiempo. Deseo que sientas que tienes las mismas posibilidades de que te escuchen.»)[7]

Por sobre todo, escucha a tu cónyuge en una actitud de amor. Cuando se escucha en amor, se puede esperar que la otra persona comparta el significado de sus pensamientos o sentimientos.

¿Cuál es su plan?

1. Enumere tres pasos que dará para aumentar su capacidad para escuchar.

2. ¿Cuál tema le gustaría que su cónyuge escuchara prestándole completa atención?

Notas

1. George E. Koehler y Nikki Koehler, *My Family: How Shall I Live with It?* [Mi familia: ¿cómo viviré con ella?], (Chicago: Rand McNally & Company, 1968), pág.57,adaptado.

2. Ibíd.,pág.62.

3. Mark Lee, *Make More of Your Marriage* [Enriquezca su matrimonio], ed. Gary Collins(Waco,Tex.:WordBooks,1976),pág.75.

4. David Augsburger, *Caring Enough to Hear* [Me importa lo suficiente como para escuchar](Ventura:Calif.:RegalBooks,1982),pág.46.

5. Aarón T. Beck, *Love Is Never Enough* [El amor nunca es suficiente] (Nueva York: Harper&Row,1988),págs.74-81,adaptado.

6. Augsburger,*CaringEnoughtoHear*,págs.41,42.

7. Ibíd.,págs.55-58.

¿REALMENTE LOS HOMBRES PROVIENEN DE PLUTÓN Y LAS MUJERES DE SATURNO?

Hace muchos años, algunos de nosotros aprendimos a conducir un automóvil. Hace muchos, muchos años, la mayoría de la gente tenía que aprender en primer lugar a usar la palanca de cambios porque muy pocos automóviles tenían transmisión automática. La palanca de cambios estaba en la columna de dirección o en el piso. Era difícil aprender a coordinar a pisar el embrague al cambiar de una marcha a la siguiente. Si se hacía correctamente, todo salía con suavidad y en silencio. Si no, las marchas rechinaban. Se podía escuchar y sentir cómo el metal chocaba y rechinaba. Si esto sucedía con demasiada frecuencia se trituraban las marchas convirtiéndose en pequeños pedazos de metal y con el tiempo se arruinaba la transmisión.

Lo mismo les puede suceder a dos personas que tratan de compatibilizar. Pueden terminar chocando y rechinando el uno contra el otro. Aparte de las áreas que ya se han discutido en las cuales es necesario que los engranajes funcionen correctamente, tales como la manera en la que nos comunicamos el uno con el otro, entra en juego otro asunto importante cuando se procura aprender la cultura del otro: la combinación de las diferencias de género y personalidad. Este engranaje o combinación es un paso importante para aprender a hablar el lenguaje de su cónyuge.

Con mucha frecuencia, escuchamos que las diferencias de género se reducen a un solo factor, como las preferencias de personalidad o el estar gobernados por la parte derecha o izquierda del cerebro. En realidad, tiene más sentido mirar al hombre y a la mujer como una mezcla compleja de diferencias.

Comprender y adaptarse a la personalidad del cónyuge, la cual incluye la exclusividad del género como así también el predominio del cerebro y de la personalidad, será determinante para poder adaptarse a ese extraño. Cuando un hombre y una mujer están sincronizados, los cambios de marcha no rechinan mientras se dirigen a una relación estrecha, y la comunicación entre los dos es positiva. Para que este cambio suave tenga lugar, las parejas deben aceptar dos realidades:

1. Los hombres y las mujeres tienen circuitos diferentes. Ninguno de los dos está conectado de manera incorrecta, sino sencillamente diferente.
2. Para que una relación florezca, los hombres y las mujeres deben convertirse en bilingües, manejando con fluidez el lenguaje del sexo opuesto.

Hace varios años, mi esposa y yo tuvimos una experiencia que representó de manera notable las diferencias de género tanto en el pensamiento como en los estilos de comunicación. Nos encontrábamos visitando el histórico Williamsburg en Virginia, un lugar fascinante y atractivo que preserva nuestra historia colonial. Cuando hicimos la visita a la mansión del gobernador, el guía turístico era un hombre. Al pasar por la inmensa puerta de entrada, comenzó a dar una descripción objetiva del propósito de la habitación y de cómo estaba amoblada. Describió detalladamente los diversos revólveres antiguos que se encontraban en la pared y señaló el despliegue único de trabucos de chispa acomodados en círculo sobre el cielo raso redondo. Cuando dijo que había 64, algunos originales y otros réplicas, inmediatamente comencé a contarlos (la cual es una típica respuesta masculina: para nosotros cuentan los números). El guía sabía mucho y dio una excelente descripción detallada mientras íbamos de una habitación a la otra. Parecía ser muy estructurado y estar concentrado.

Tuvimos que irnos antes de que terminara la excursión para encontrarnos con unos amigos para almorzar. Como los dos disfrutamos tanto de la presentación, decidimos regresar al día siguiente y realizar la excursión nuevamente. ¡Qué diferencia! La guía era una mujer. Entramos al mismo salón y dijo: «Ahora verán algunos revólveres en las paredes y en el cielo raso, pero fíjense en el tapizado de estas sillas y los tapices de las paredes. Son...» Y así, se lanzó a una detallada descripción de los objetos que el día anterior habían sido pasados por alto o simplemente mencionados por arriba. Y así siguió durante toda la visita guiada.

No se necesitaba mucha inteligencia para darse cuenta qué era lo que sucedía. Era un clásico ejemplo de las diferencias de los géneros. El primer guía turístico les hablaba especialmente a los hombres y la segunda guía turística les hablaba a las mujeres. En realidad, terminamos haciendo la mejor visita guiada que se pueda imaginar, porque escuchamos las dos perspectivas. ¡Cuánto se beneficiarían los turistas si los guías incorporaran ambas perspectivas en sus presentaciones!

Cómo ven los distintos géneros la comunicación

En el marco de un seminario, les pedimos a los hombres y a las mujeres que identificaran qué era lo que más los frustraba en el estilo de comunicación del sexo opuesto. Aquí tenemos una lista con algunas de sus respuestas:

Lo que las mujeres dijeron acerca de los hombres

No comparten lo suficiente sus sentimientos ni emociones. Parece que hubieran nacido discapacitados emocionalmente.

Cuando miran deportes parecen entrar en trance, y lo mismo sucede cuando saco ciertos temas. No pueden manejar más de una tarea o un tema a la vez.

Pareciera que los hombres piensan que pueden hacer las cosas mejor, aunque no sea así. Y no les gusta pedir consejo, aunque los ayude.

No escuchan bien. Siempre tratan de solucionarnos los problemas.

Los hombres necesitan más intuición; debieran bajarse del tren de la objetividad.

Los hombres necesitan aprender a disfrutar de ir de compras como nosotras lo hacemos. No saben lo que se pierden.

Los hombres necesitan más sensibilidad, más preocupación, más compasión y más empatía.

Me gustaría que los hombres no se sintieran tan amenazados por las ideas y las perspectivas de las mujeres.

Están demasiado involucrados en su trabajo o en su carrera. Desean tener una familia, pero no se involucran.

Relación sexual: esa es la palabra clave. ¿Acaso piensan en alguna otra cosa? Son como un horno de microondas. Aprietas un botón y ya están cocinando. El botón de encendido de ellos nunca está apagado.

Aquí tenemos algunas otras respuestas que se grabaron en el entorno de un grupo:

Los hombres piensan demasiado. En la vida hay otras cosas además de pensar.

Me gustaría que no pensara que siempre tiene que definir todo. Me siento como si le hablara a un diccionario. Todas las semanas durante el último año mi esposo ha dicho: «¿Qué quieres decir? No puedo hablar contigo si no comprendo tus palabras. ¡Dame más hechos, no malditos sentimientos!» Bueno, algunas veces no puedo presentarle hechos y definiciones. ¡Los hombres no debieran vivir solo a base de definiciones!

Me parece que los hombres no entienden la diferencia que existe entre compartir sus sentimientos y lo que piensan acerca de ellos. La mayor parte del tiempo tienden a intelectualizar. ¿Por qué los hombres tienen que pensar para saber cómo se sienten? Que sencillamente lo digan sin editarlo. No tienen que responder como un libro de texto o editar todo lo que comparten. Me pregunto si el hombre se siente amenazado por su lado emocional. Por supuesto, no siempre se pueden controlar las respuestas emocionales, ¿y qué?

Mi esposo es ingeniero y tendría que verlo cuando vienen sus amigos ingenieros. ¡La casa se transforma en una conferencia cerebral, cognitiva! Todos los hechos son lógicos. Entran con sus reglas de cálculos y sus calculadoras y pareciera que la casa queda vacía de toda respuesta emocional. Hablan, pero no revelan nada. Comparten pero en la superficie. Se sienten a salvo y seguros. Algunas veces siento unos deseos tremendos de entrar en la habitación y comenzar a compartir emociones con toda clase de palabras emotivas y luego comenzar a llorar para ver cuánto tiempo les llevaría a algunos de ellos disparar como un rayo por la puerta, saltar por la ventana o esconder el rostro detrás de una revista. Vaya, podría amenazar a diez hombres en menos de un minuto. Nunca me había dado cuenta del poder que tenía. Lo haré la próxima vez que vengan.

¿Qué hay de los hombres? ¿Qué es lo que los frustra de las mujeres? Generalmente es lo opuesto a lo que las mujeres dicen que a ellas les frustra de los hombres.

Lo que los hombres dicen acerca de las mujeres

Son demasiado emotivas. Necesitan ser más lógicas.

¿Cómo pueden pasar tanto tiempo conversando? Con decir las cosas una sola vez es suficiente. La mayoría de ellas se van por las ramas. Me gustaría que llegaran más rápido a lo esencial y que por lo menos identificaran el tema del que están hablando.

Son demasiado sensibles. Siempre se sienten heridas en sus sentimientos.

¿Por qué lloran con tanta facilidad? Para mí no tiene sentido.

Pienso que la mayoría de las mujeres son adictas a las compras. Se les encienden los ojos cuando ven un centro comercial.

Cambian tanto. Me gustaría que reflexionaran y mantuvieran el resultado de esa reflexión.

Tal vez piensan que podemos leer la mente, pero no podemos. No creo que ellas tampoco puedan.

¿Qué tiene de malo la atracción sexual? El sexo es grandioso; lo que sucede es que ellas no tienen mucho interés. Para interesarlas hay que tomarse todo el tiempo del mundo.

Piensan que tienen el don espiritual de cambiar a los hombres. Debieran renunciar. No se nos puede arreglar y además no lo necesitamos.

Se involucran demasiado con las demás personas y con sus problemas.

Las mujeres son temperamentales y negativas. No se las puede satisfacer.

Me encantaría que dejaran de lado algunas cosas. Siempre están tratando de arreglar algo que se ha roto.

Aquí tenemos algunas otras respuestas adicionales de lo que los hombres han respondido en seminarios:

Comprendo su necesidad de hablar acerca de nosotros y de nuestra relación. Se me ha ocurrido pensar que existe una manera correcta y una incorrecta para hablar acerca de estas cosas. Si no se tiene cuidado, las cosas se pueden ir de las manos. Es mejor ser lo más racional posible. Si uno permite que se involucren demasiado las emociones, nunca se pueden tomar buenas decisiones, y si se vuelve demasiado personal, alguien puede salir herido. Al mantener un poco de distancia se avanza mucho, cuando se trata de muchas de estas cosas.

En primer lugar, es importante establecer cuáles son los puntos que se van a tratar. No creo que las mujeres lo hagan muy bien. Captan lo primero que les viene a la mente y se involucran en eso totalmente de manera emocional. Cuando quieres llegar a un acuerdo, te encuentras discutiendo acerca de todo lo que sucede debajo del sol, y nadie queda feliz. Creo que el problema debe definirse al comienzo. Si puede decirme exactamente qué es lo que le molesta, podemos manejarlo de manera lógica. Si no lo puede hacer, entonces no tiene sentido hablar acerca de ello.

¿Qué piensa?

1. Describa la manera en que su cónyuge difiere de usted en estilos de comunicación.
2. ¿Qué es lo que lo frustra o lo preocupa en cuanto al estilo de comunicación de su cónyuge?
3. ¿Qué le gustaría que su cónyuge cambiara en su estilo de comunicación?

No está mal, simplemente son diferentes

Al considerar algunas de las características únicas de los hombres y las mujeres, tengamos dos cosas en mente. En primer lugar, existen algunos aspectos generales que son comunes a la mayoría de los hombres y las mujeres; pero siempre existirán excepciones en diversos grados. En segundo lugar, las características exclusivas de los hombres y de las mujeres no son negativas. No está mal ser de una manera o de otra. Algunas de las características serán más pronunciadas en algunas personas debido a los tipos de personalidad y también a la crianza. El problema surge cuando la gente cree que siempre tiene razón o que la manera en la que hace las cosas es la única correcta. No se preocupan por comprender ni por aceptar al sexo opuesto tal como es. Cuanto mayor flexibilidad desarrolla una persona, más se beneficiará su matrimonio.[1]

No es fácil ser flexible y aprender a responder de manera diferente, pero es posible. Debe hacer un esfuerzo consciente para comprender cuáles son las cosas secundarias para su cónyuge y viceversa.

> SI LA GENTE REALMENTE SUPIERA LAS DIFERENCIAS QUE EXISTEN ENTRE LAS MANERAS DE PENSAR Y DE COMUNICARSE DEL HOMBRE Y DE LA MUJER, HONRARÍAN LAS DIFERENCIAS Y RESPONDERÍAN EL UNO AL OTRO DE UNA MANERA APROPIADA, MOSTRANDO ACEPTACIÓN.

Muchos hombres y mujeres dicen que conocen las diferencias que existen entre los sexos, tales como los sentimientos en contraposición con los hechos, las diferencias del cerebro, los niveles de energía y demás, pero su interacción conduce a la pregunta: ¿si conocen las diferencias, por qué siguen peleando contra algo que es una habilidad natural y heredada, como también una forma de ser que Dios mismo diseñó?

Si la gente realmente supiera las diferencias que existen entre las maneras de pensar y de comunicarse del hombre y de la mujer, estarían en condiciones de explicar las diferencias en detalle y podrían aceptarlas. Honrarían las diferencias y responderían el uno al otro de una manera apropiada, mostrando aceptación.

Lo que sigue puede parecer un curso básico de biología, sicología y antropología, pero en realidad no lo es. Sencillamente es la explicación de algunas diferencias básicas de género que a la mayoría de las personas las siguen confundiendo y permiten que esta confusión dicte sus respuestas hacia el sexo opuesto.

Gran parte del misterio se resuelve cuando uno comprende las diferencias fisiológicas menos evidentes entre los hombres y las mujeres. Cuando la Escritura dice que Dios los creó hombre y mujer, realmente los creó diferentes: «Y dijo Jehová Dios: No es bueno que el hombre esté solo; le haré ayuda idónea para él» (Génesis 2:18). Muchas de estas diferencias se encuentran en el cerebro.

Cómo funciona el cerebro

El hemisferio izquierdo controla las habilidades del lenguaje y la lectura. Junta información y la procesa lógicamente, paso a paso. ¿Cuándo se usa el hemisferio izquierdo del cerebro? Cuando lee un libro o un artículo, juega a un juego, canta, escribe, hace un balance de su chequera y pesa las ventajas y desventajas de comprar un artículo en cuotas o pagarlo al contado.

Si planea la agenda de su día, puede decidir dejar diez minutos libres para devolver la videocinta que alquiló la noche anterior, y planeará el camino que le permitirá estacionar frente al negocio. ¿Cómo toma estas decisiones? Utilizando la parte izquierda de su cerebro. Mantiene su vida sensible, organizada y cumpliendo con un programa. Es como una computadora.

Y luego tenemos el hemisferio derecho del cerebro. Esa porción de su cerebro entra en juego cuando arma un rompecabezas, mira el mapa de una ruta, diseña una nueva oficina, planea arreglar una habitación, resuelve un problema geométrico o escucha música selecta en su estéreo. La parte derecha del cerebro no procesa información paso a paso como la izquierda. En cambio, procesa modelos de información. Es la sede de sus emociones. Se lo ha llamado el lado intuitivo del cerebro. Conecta hechos y saca un concepto. Mira toda la situación y, como por arte de magia, la solución aparece. Es como un calidoscopio.

El modelo pensante del lado izquierdo de su cerebro es analítico, lineal, explícito, secuencial, verbal, concreto, racional y se dirige a la obtención de un fin. El lado derecho es espontáneo, intuitivo, emotivo, no verbal, visual, artístico, holístico y espacial.

Si usted tiene una orientación más inclinada hacia el lado derecho y su cónyuge hacia el lado izquierdo, ¿cómo se comunicarán? ¡Es como si hablaran diferentes idiomas! Y probablemente sea así.

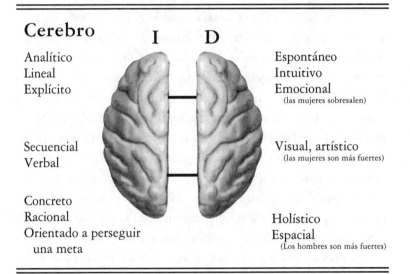

Cerebro   **I   D**

Analítico
Lineal
Explícito

Espontáneo
Intuitivo
Emocional
(las mujeres sobresalen)

Secuencial
Verbal

Visual, artístico
(las mujeres son más fuertes)

Concreto
Racional
Orientado a perseguir
una meta

Holístico
Espacial
(Los hombres son más fuertes)

¿Alguna vez ha estado en una clase o en la reunión de una iglesia en la cual el orador se concentra en los hechos detallados y áridos? Si es inflexible, se siente molesto por las interrupciones a su hilo de pensamiento, por lo tanto, luego de cada distracción vuelve al comienzo y hace un repaso. El discurso paso a paso es monótono con muy pocas expresiones emocionales. Si es así, usted ha estado escuchando a una persona en la cual predominaba de manera extrema —y cuando digo extrema, lo digo en serio— la parte izquierda de su cerebro.

Si escucha a un orador o a alguien en una conversación que salta de un tema al otro, que se basa en sus propias opiniones y sentimientos, que se va por las ramas fácilmente, deja espacios en blanco cuando presenta la conclusión y utiliza un lenguaje emocional e intuitivo, se encuentra en presencia de una persona extremadamente dominada por el hemisferio derecho de su cerebro. El dominado por el hemisferio izquierdo quiere saber: «¿Cuál es el punto clave?» El lado derecho da unas cuantas vueltas hasta ir al grano. Y, como veremos luego, las diferencias de personalidad afectan la respuesta de una persona.

Cuando estaba en la escuela, probablemente se topó con individuos que eran excelentes en matemáticas o en lectura, ¡pero reprobaban el campo de juego! ¿Por qué? Funcionaban con un cerebro izquierdo muy avanzado, pero el cerebro derecho no estaba desarrollado. Un hombre que es muy eficiente en química también disfruta de las actividades sociales y va a bailar dos veces por semana. ¿Qué porción de su cerebro usa para estas tareas? Cuando trabaja, utiliza el lado izquierdo del cerebro que es más cuidadoso, preciso y lógico. Cuando sale a bailar, puede disfrutar de los pasos de baile cambiando a su lado derecho del cerebro. Es probable que el químico se encuentre más cómodo usando su lado izquierdo, pero puede hacer el cambio para algunas actividades pertinentes al lado derecho de su cerebro. Al llevar a cabo nuestras actividades diarias, pasamos de un lado a otro del cerebro.

Recuerde, constantemente reforzaremos nuestro lado dominante porque es más fácil seguir ese camino que explorar nuevos territorios usando el lado menos dominante.

Las diferencias cerebrales entre los hombres y las mujeres

Volvamos atrás en el tiempo y veamos las diferencias del cerebro de los niños y las niñas. Supongamos que tiene unas lentes con rayos X que le permiten mirar adentro de sus cerebros. Al mirar al interior, puede ver una discrepancia entre los niños y las niñas.

En el cerebro existe una sección que conecta ambos hemisferios. Es un haz de nervios (el nombre técnico es *hábeas callosum*) y en las niñas hay un 40 % más de estos haces de nervios que en los niños. Esto quiere decir que las mujeres pueden usar ambos hemisferios del cerebro al mismo tiempo, en tanto que los hombres tienen que cambiar de un hemisferio al otro, según lo que necesiten. Las mujeres pueden disfrutar más de la charla cruzada entre ambos lados del cerebro. En otras palabras, las mujeres usan sus cerebros de manera holística.

Esta cantidad adicional de tejido conectivo en las niñas es la razón por la cual desarrollan las habilidades del lenguaje antes que los niños y usan muchas más palabras que los varones de la misma edad. ¿Sabe por qué los niños, por lo general, leen peor que las niñas? De nuevo se trata del cerebro. *El cerebro que leerá mejor es el que puede usar ambos hemisferios al mismo tiempo*. Es interesante que también es más fácil «leer» las emociones en el rostro de una persona cuando usa ambos lados de su cerebro simultáneamente.

El cerebro de una mujer ha sido desarrollado para expresar y verbalizar. Esa es la razón por la cual a lo largo de toda su vida adulta, desea hablar acerca de esto. El cerebro de un hombre ha sido diseñado para que desarrolle sus capacidades espaciales. Es por eso que durante toda su vida desea hacer algo al respecto. Esa es la razón por la cual, por lo general, una mujer es más rápida para hablar acerca de sus sentimientos, mientras un hombre actúa rápidamente para hacer algo al respecto.

Por supuesto, se dará cuenta de que aquí es adonde surgen los conflictos (y es probable que siempre lo harán). Una mujer dice: «Sentémonos y hablemos de esto a fondo». Mientras tanto, el hombre se esfuerza al máximo por arreglar el asunto y seguir adelante con su vida. Recuerde, ninguna respuesta es incorrecta y ninguna es mejor que la otra.

En estudios realizados en la Universidad de Pennsylvania, se usaron equipos para escudriñar el cerebro generando fotografías computarizadas de cerebros en acción. Parecen verdaderos mapas. El equipo produce fotos del cerebro en diferentes colores, en las cuales cada color muestra un distinto grado de actividad cortical intenso.

Para obtener este mapeo, se conecta a un hombre y a una mujer al equipo y a los dos se les pide que realicen una actividad espacial: pensar de qué manera dos objetos pueden encajar el uno en el otro. Si mirara la pantalla de la computadora que describe el cerebro de la mujer, vería que el color y la intensidad de ambos lados es bastante igual. Pero algo más le sucede al cerebro del hombre. El lado derecho se enciende con varios colores que reflejan un alto grado de actividad en ese hemisferio y mucha menos actividad en el hemisferio izquierdo. Pero si se ponen a prueba actividades verbales, ¡cuidado! El hombre usa mucho menos de su cerebro comparado con lo que usa la mujer. ¡El hemisferio izquierdo de la mujer realmente se enciende!

Hace poco, en un seminario, tuve la oportunidad de ver estos cuadros. En el escrutinio del cerebro de una mujer se veía actividad en ambos lados del cerebro mientras hablaba. Cuando el hombre hablaba, la computadora indicaba actividad solamente en el hemisferio izquierdo de su cerebro.

Los hallazgos de esta investigación indican que el cerebro de una mujer trabaja casi todo el tiempo en más secciones que el del hombre. Es como si ambos hemisferios estuvieran siempre alerta, mientras que en el cerebro del hombre, un hemisferio a la vez está en alerta.

Piénselo de esta manera: Si existe una tarea para hacer, el cerebro de un hombre se enciende. Cuando la tarea se completa, el cerebro se apaga, pero el de la mujer siempre está encendido. Es verdad que algunas partes del cerebro del hombre están siempre encendidas, pero cuando se los compara a los dos cerebros en los momentos de inactividad, la diferencia entre la porción del cerebro de la mujer que siempre está encendida y la función de encendido/apagado que manifiesta el del hombre es muy pronunciada.[2]

Existen otros resultados que se desprenden del hecho de que las mujeres tengan 40% más de nervios conectores (o más densos) entre los dos hemisferios del cerebro.

Hombres

Decidido

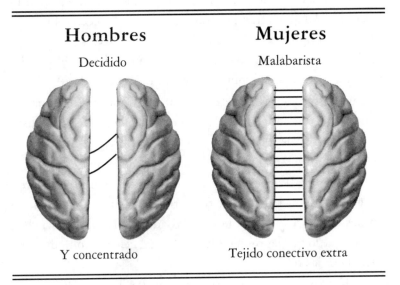

Mujeres

Malabarista

Y concentrado

Tejido conectivo extra

Las mujeres pueden sintonizar todo lo que sucede a su alrededor. Una mujer puede manejar cinco actividades frenéticas al mismo tiempo mientras su esposo lee una revista, totalmente ajeno a los diversos problemas que se desarrollan frente a sus narices. Ella puede hacer malabares con más objetos pero se distrae con más facilidad. Él se concentra en una tarea más eficazmente pero puede perder de vista otros aspectos. Tiene que detener una actividad antes de atender otra.

El resultado de esta diferencia hace que las mujeres sean más perceptivas con respecto a las personas que los hombres. Ellas tienen una habilidad mayor para captar los sentimientos y para percibir la diferencia entre lo que la gente dice y lo que realmente quiere decir. La intuición de la mujer tiene un fundamento físico. El cerebro de una mujer es como una computadora que puede integrar la razón y la intuición.

A algunos hombres, esto los vuelve locos. Existen muchas historias acerca de parejas que han concurrido a algún acontecimiento social y la esposa le ha dicho al marido: «Pienso que hay un problema o que algo sucede». Su esposo le responde: «¿Cómo lo sabes? ¿Adónde están las pruebas?» Y ella le dice: «No tengo pruebas. Simplemente lo siento». Él le dice: «No sabes de qué hablas». Pero una semana más tarde, cuando descubre que ella tenía razón, se queda asombrado y aun más confundido.

Puede ser que las mujeres recojan más información que los hombres ya que sus sentidos, tales como el oído, la vista, el gusto y el olfato son más elevados que los del hombre.

La diferencia en el oído se nota aun desde la niñez. Los hombres, en general, tienen mejor audición en un oído. Las mujeres, en general, escuchan más datos y tienen la misma audición en ambos oídos. A lo largo de toda la vida, los hombres escuchan menos que lo que las mujeres dicen, lo cual genera profundos problemas en las relaciones.

Se ha visto que desde muy temprana edad, los niños hacen caso omiso a las voces, incluso las de los padres, más que las niñas. ¿Por qué? En algunos de estos casos los niños simplemente no están escuchando. También tienen un desempeño inferior que las niñas al recoger sonidos en el entorno. Los niños, sencillamente, escuchan menos ruidos a su alrededor y tienen menos capacidad para diferenciar entre diversos sonidos. Esta es una de las razones por las cuales los padres, o cualquiera que esté cerca de un niño, dicen que tienen que hablarle en voz más alta que a una niña.[3]

¿Qué significado tiene esta diferencia? Es la razón principal por la cual a los hombres les gusta arreglar las cosas y consideran que una tarea es muy importante, por lo tanto, no pueden hacer varias cosas a la misma vez. Necesitan concentrarse en una cosa a la vez. Cuando un hombre comienza una tarea en su casa, como limpiar el garaje o trabajar en el jardín, para él es un tarea que requiere toda su concentración, *no es un tiempo de camaradería*. Si su esposa desea trabajar con él, la mayoría de las veces desea sostener una conversación al mismo tiempo. A él, esto le puede parecer una interrupción —una invasión de su espacio, una distracción— y reacciona fuertemente. Millones y tal vez miles de millones de conflictos a lo largo de los años se hubieran evitado si los hombres y las mujeres no solo hubieran comprendido esta diferencia sino que la hubieran honrado.

Cuando se produce un choque de diferencias

En términos generales, cuando se trata de enfrentar y resolver un problema, las mujeres usan ambos lados del cerebro y tienen la capacidad de crear una perspectiva general. Los hombres tienden a desmenuzar el problema para llegar a una solución. El hombre tiende a cumplir los pasos 1, 2, 3 y 4, y ya tiene una solución. Utiliza un enfoque lineal. La mujer tiende a cubrir los pasos 1, 3, 2 y 4 y llega a la misma conclusión. Si llega allí antes que el hombre, probablemente él no acepte su respuesta correcta porque todavía no ha completado los pasos 1, 2, 3 y 4. No está listo para la respuesta de ella.

La mujer tiende a sentir que el marido no la escucha. Él la escucha, pero no está listo. La esposa se queja: «Es evidente, ¿cómo no puedes verlo?» No puede verlo porque esa no es su manera de pensar.

El esposo dice: «Vayamos paso a paso, no puedes enfocarlo de esa manera». Pero ella sí puede. Ni el enfoque del hombre, ni el de la mujer están equivocados; simplemente son diferentes. ¿Puede imaginar lo que podría lograr una pareja si aprendieran a usar la creatividad y la fuerza de ambos?[4]

A los hombres les gusta la estructura. Les gusta poner las cosas en orden. Les gusta regular, organizar, enumerar (les encanta hablar de números y estadísticas) y hacer que las cosas encajen dentro de reglas y modelos. No es poco común que los hombres se tomen el tiempo para poner sus discos compactos y videocintas en orden alfabético, o para pensar cuánto tiempo lleva caminar tres kilómetros, o manejar 136 kilómetros para llegar hasta su lugar favorito de pesca.

¿Alguna vez se preguntó por qué algunos hombres tienen una rutina establecida para los días sábados? Tal vez el orden sea: lavar el automóvil, cortar el césped, podar las rosas y dormir una siesta. Y siempre lo hacen a la misma hora y en el mismo orden.[5] El orden proporciona una estructura y conserva energía. Tenga en mente la palabra «energía», porque es la fuente de discusión entre el hombre y la mujer.

La manera en que los hombres usan su cerebro es un modo exclusivo. (¡Algunas mujeres se refieren a esto como estrechez de visión!) Este modo puede hacer que el hombre excluya todo excepto aquello en lo que se está concentrando. Cierra otras posibilidades y utiliza gran cantidad de energía para permanecer en esa posición. A la mayoría de los hombres les gusta saber exactamente adónde están y qué están haciendo en un momento dado. Es una manera de mantener el control.

Cuando un esposo se encuentra en casa y su atención está fija en el televisor, en el periódico o en arreglar el automóvil, se encuentra en su modo mental excluyente. Si la esposa le habla, siente una interferencia o una intrusión. *Y para él es una pérdida de energía.* ¡Espera que se vaya! Cuando realmente gasta energía para dejar lo que está haciendo y concentrarse en su esposa, se siente molesto por la pérdida de energía. Tiene que cambiar el foco de atención y trasladarlo a otra parte porque no puede manejar dos cosas al mismo tiempo. A ella le parece que no es considerado porque no la escucha, y a él le parece que ella no es considerada porque se ha entrometido. En realidad, a ninguno de los dos le falta consideración. Sencillamente no comprenden la diferencia de género. Si lo hicieran, podrían aprender a responder de manera diferente.

Las mujeres son incluyentes y pueden saltar de un tópico a otro. Para ellas, esto no representa un gasto de energía. En realidad, la mujer carga energía entrando a nuevas experiencias o experimentando cambios. Puede ver la situación y más allá. Ve y responde a la vida como si fuera una cámara con una lente de gran ángulo, en tanto que la cámara de él tiene una lente microscópica altamente enfocada. Ve al árbol en máximo detalle; ella ve al árbol, pero también ve el bosquecillo y su potencial. Las expectativas de una mujer con respecto a la capacidad perceptiva de un hombre debieran moderarse al saber esto.[6]

Recuerde, habrá excepciones a lo que se dice aquí. Algunos hombres y algunas mujeres serán exactamente lo opuesto. Mi esposa y yo somos excepciones. Yo tengo la tendencia a ser el malabarista y ella es más resuelta. También parece que las preferencias de la personalidad (que se discuten en capítulos posteriores) tienen un efecto sobre algunas de estas características.

Aquí tenemos otro problema: Como el hombre se concentra en una sola cosa a la vez y la mujer puede manejar varias cosas al mismo tiempo, si hace múltiples cosas mientras habla con él, a él le parece que no le está prestando atención. Si estuviera interesada, lo miraría prestándole el 100% de atención. ¿Le suena familiar?

Los hombres tampoco pueden entender cómo las mujeres pueden salir del cine o de la sala durante la parte más importante de una película para ir al baño. ¡El hombre se las aguanta! Tiene sus prioridades. ¡También tiene una vejiga más grande! Por otra parte, el modo «inclusivo» de la mujer le da un sentido de lo que sucede en la película y puede seguir «mirándola» mientras está en el baño. Si el hombre no mira físicamente la película, se la pierde. A pesar de que probablemente no haya captado todos los detalles, la mujer no tiene la sensación de haberse perdido nada.[7]

Diferentes maneras de manejar los sentimientos

Esto nos lleva a una pregunta que quizá haya escuchado: ¿Por qué los hombres no pueden penetrar en los sentimientos como lo hace una mujer? La respuesta es que los hombres tienen tres puntos en contra cuando de sentimientos se trata.

Uno, tienen diferentes conexiones.

Dos, los crían para que sean discapacitados emocionales. No les dan el aliento ni el entrenamiento para que aprendan a comprender una vasta gama de sentimientos y para que desarrollen un vocabulario que pueda expresarlos. De paso, los hombres y las mujeres no tienen emociones diferentes. Dios nos creó a todos nosotros como seres emocionales. Sin embargo, la manera en que los hombres y las mujeres tratan con las emociones y la forma en que las expresan puede ser diferente.

Tres, la manera en que las mujeres tratan de descubrir los sentimientos de un hombre, por regla general, se torna contraproducente. Presionar a un hombre o siquiera preguntarle: «¿cómo te sientes?», no funciona.

Nuevamente, debemos mirar al cerebro para ver por qué los hombres y las mujeres tratan con sus sentimientos de maneras diferentes.

La mujer tiene una inmensa cantidad de conectores nerviosos entre sus sentimientos y el «estudio de radiodifusión» en su cerebro. Posee una vía rápida que corre entre sus sentimientos y sus palabras. Y como su cerebro está encendido básicamente todo el tiempo, es muy fácil para ella compartir estos sentimientos.

Por otra parte, el cerebro del hombre tiene menos conectores nerviosos entre los hemisferios derecho e izquierdo. No debe asombrarnos que tenga más lucha que una mujer para expresar sus sentimientos. No posee una vía rápida que corra entre sus sentimientos y la zona de radiodifusión del cerebro; se parece más a un camino de una sola vía.[8]

El cerebro de la mujer

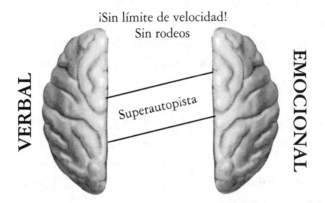

¡Sin límite de velocidad!
Sin rodeos

VERBAL

Superautopista

EMOCIONAL

El cerebro del hombre

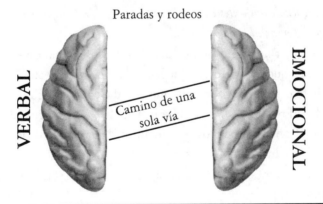

Paradas y rodeos

VERBAL

Camino de una sola vía

EMOCIONAL

Esa es la razón por la cual a un hombre le resulta difícil compartir. Si intenta poner en palabras sus sentimientos, debe dar un paso previo llamado *pensamiento*. Tiene que preguntarse: «Siento algo... ¿qué es? Muy bien, así que es esto». Una vez que descubre sus sentimientos, debe analizarlos y decidir lo que puede hacer al respecto.

El cerebro de un hombre tiene la característica de resolver problemas. Sus conexiones están diseñadas para posponer las reacciones. Cuando sucede algo emotivo, él todavía no está preparado para expresar sus sentimientos. Necesita trasladarse hacia el lado izquierdo de su cerebro para recoger las palabras que puedan expresar sus sentimientos. Eso es lo que detiene a muchos hombres para expresar sus emociones: de alguna manera, les falta vocabulario.

No es todo culpa de ellos. Los padres, los maestros y la sociedad en su totalidad no proporcionan mucha ayuda para enseñarles a los hombres el vocabulario de los sentimientos o para proporcionarles la habilidad de pintar imágenes con palabras que los describan. El hombre comparte lo que puede, y cuando surgen nuevos sentimientos, vuelve al punto de partida para comenzar todo el proceso nuevamente.

Por lo tanto, recuerde esta diferencia: *Un hombre tiene que pensar en sus sentimientos antes de poder compartirlos. Una mujer puede sentir, hablar y pensar al mismo tiempo.*[9]

La mujer atraviesa una secuencia diferente. Cuando se siente molesta, ¿qué es lo primero que hace? Hablar al respecto. Y mientras habla, puede pensar en lo que está diciendo y lo que está sintiendo. El resultado final es que lo resuelve, por lo general por sí misma. Comienza por los sentimientos, luego se traslada al área del habla y luego a la del pensamiento.

Con el tiempo, desarrolla la capacidad de hacer las tres cosas al mismo tiempo:

Sentir————————————*Hablar*————————————Pensar

Como la mujer resuelve sus problemas en voz alta, el hombre piensa que él es quien ha causado el problema o que ella quiere que él lo resuelva. Es posible que lo haga, pero solo si ella le pide una solución. Casi todas las mujeres desean que su hombre simplemente las escuche y demuestre que ha escuchado lo que ella ha dicho.

El hombre expresa sus sentimientos en un orden diferente. Cuando los sentimientos salen a la superficie, lo más común es que vaya primero a la acción y luego al pensamiento. Cuando algo molesto sucede, su respuesta inmediata es hacer algo al respecto. Eso lo ayuda a pensar en el problema. Con el tiempo, aprende a sentir, actuar y pensar al mismo tiempo:

Sentir————————————*Actuar*————————————Pensar

Cabe destacar que hablar para resolver el problema no forma parte de la fórmula del hombre. La comunicación es más significativa para la mujer; la acción es más significativa para el hombre.[10] Cuando una mujer entiende esto, no debe sorprenderse por la reacción de su esposo ante la emoción. Puede aceptar su estilo y hasta animarlo a responder de esta manera mientras adapta algunas de sus respuestas típicas para acercarse más a las de él.

Tenga en mente que cada hemisferio del cerebro tiene, por así decirlo, su propio lenguaje. Si un hombre es fuerte en el lado izquierdo de su cerebro (en otras palabras: si el lado izquierdo es el dominante), su lenguaje se preocupará por los hechos y tendrá la tendencia a ser lógico y preciso.

¿Qué piensa?

1. ¿Hasta dónde la descripción anterior se adapta a su cónyuge?

2. Basándose en lo que acaba de leer, ¿de qué manera esto lo ayudaría en la respuesta que le da a su cónyuge?

3. ¿Las mujeres hablan más que los hombres o los hombres hablan más que las mujeres?

Todo este asunto de las relaciones se trata de hombres regidos por el lado izquierdo de su cerebro y mujeres regidas por el lado derecho de su cerebro que se atraen mutuamente. Si es que alguna vez podrán comunicarse y salvar las distancias propias de su género y podrán convertirse en una pareja funcional, deben aprender a entender y a usar el estilo de lenguaje de la otra persona, al menos en alguna medida. ¡Deben convertirse en bilingües! ¿Puede hacer este cambio?

Cómo aprender el lenguaje de su cónyuge

Las diferencias entre los cerebros de los hombres y de las mujeres, que hemos delineado, quieren decir que cuando los hombres y las mujeres se comunican (¡o intentan hacerlo!) tienen propósitos diferentes en mente. La mujer habla y escucha un lenguaje de conexión e intimidad, en tanto que el hombre tiende a hablar y a escuchar un lenguaje de categorías e independencia.

Los hombres dan *informes*. Les gusta expresar conocimientos y habilidades. Utilizan la conversación como un medio para captar y mantener la atención.

Las mujeres crean *situaciones comunicativas*. Es la manera que tienen de establecer conexiones y de negociar las relaciones.[11]

Por lo tanto, lo que tenemos no es en realidad una diferencia de dialectos dentro del mismo lenguaje, sino una comunicación transcultural. Se ha dicho que los hombres y las mujeres hablan diferentes «generolectos».[12]

Este área de diferencia no solo causa preocupación en el matrimonio sino también en el lugar de trabajo:

La diferencia hombre-mujer representa la brecha cultural más grande que existe. Si puede aprender las habilidades y actitudes para tender un puente entre las diferencias de género en la comunicación, habrá logrado dominar la comunicación y la negociación con casi cualquier persona, acerca de casi cualquier tema.[13]

Se ha acuñado una nueva palabra, «géneroflex», para esta situación. No se encuentra en el diccionario todavía, pero ya lo hará. Esta palabra significa usar temporalmente los modelos típicos de comunicación del otro género para conectarse con él y aumentar el potencial de influencia.[14]

Este es un enfoque de adaptación en la comunicación, diseñado para mejorar las relaciones y el desempeño. No implica un cambio en la personalidad, el estilo de vida o los valores. Es una adaptación que en realidad creará una mayor flexibilidad y crecimiento entre los que la practican. Requiere que se elija adoptar el estilo, el contenido y la estructura de los modelos de comunicación del otro género. No es que usted se vuelve como el otro sexo, sino que muestra que comprende cómo se comunican él o ella.

Las mujeres expresan, los hombres resuelven

Aquellos que usen la conversación géneroflex recordarán que la mujer tiende a hablar el lenguaje de la expresión y el hombre el de la resolución. Por ejemplo, las mujeres, típicamente, expanden el contenido de lo que comparten, mientras que la mayoría de los hombres lo condensan. Es decir, las mujeres tienden a dar muchos más detalles y a incluir sentimientos, en tanto que los hombres tienden a dar una información objetiva y esencial. Al hablar el lenguaje del hombre, la mujer —aunque esté hablando de situaciones interpersonales— debe usar descripciones más objetivas que se concentren en identificar el problema o la solución en lugar de recurrir a una abundancia de detalles o sentimientos. Y el hombre no debiera dar solo hechos esenciales sino también detalles descriptivos con un énfasis en lo interpersonal.[15]

> LAS MUJERES HAN SIDO CRIADAS PARA USAR LA COMUNICACIÓN COMO UN MECANISMO PARA CREAR LAZOS. A LOS HOMBRES SE LOS HA ALENTADO A COMUNICARSE PRINCIPALMENTE PARA INTERCAMBIAR INFORMACIÓN.

Tenga en cuenta que encontrará excepciones a estos estilos masculino-femeninos de comunicación. Algunos hombres se expresarán expandiéndose y algunas mujeres se expresarán en forma condensada. Probablemente esto se deba a la influencia de las variaciones de personalidad.

De paso, ¿se ha dado cuenta de que los hombres hablan más que las mujeres? ¡Es verdad! No existe un solo estudio que presente evidencia de que las mujeres hablan más que los hombres, pero hay numerosos estudios que muestran que el hombre habla más que la mujer.[16] Sin embargo, las mujeres sí hablan más que los hombres cuando se trata de temas acerca de personas, sentimientos y relaciones, así como los hombres hablan más que las mujeres acerca de sus temas preferidos.

Muchos hombres dirán que prefieren hablar con mujeres más que con hombres porque ellas son mejores conversando. En lo que verdaderamente las mujeres son mejores es en escuchar. Tienen mucha capacidad en el arte de apoyar los esfuerzos por conversar que hace la gente, animándolos a seguir adelante, permitiéndoles que se expliquen a fondo y reforzando sus esfuerzos conversacionales con sonrisas, asintiendo con la cabeza, proporcionando contacto visual y otros indicadores de atención.

Ciertas palabras y categorías de palabras aparecen con mucha más frecuencia en el discurso de las mujeres que en el de los hombres. Los adverbios de intensidad tales como «terriblemente», «bastante», «un poco», y los adjetivos «atractivo», «encantador», «adorable», «divino», «precioso» y «dulce» son más comunes en el lenguaje de las mujeres.

Las mujeres también tienen un vocabulario más extenso para los colores. Palabras como «beige», «malva», «lavanda» y «violeta» no son comunes en el lenguaje de los hombres. No se espera que ellos hablen acerca de las encantadoras cortinas color malva de la sala de conferencias, o de las vetas de color lavanda en el atardecer.

Cómo crear lazos e intercambiar información

A los hombres y a las mujeres se les ha enseñado a usar el lenguaje de manera diferente. Para las mujeres, la comunicación verbal es básica en las relaciones sociales. Las mujeres han sido criadas para usar la comunicación como un mecanismo para crear lazos. A los hombres se los ha alentado a comunicarse principalmente para intercambiar información.

La mayoría de los hombres se sienten más cómodos hablando en público que en conversaciones íntimas y privadas. Lo opuesto sucede con la mayoría de las mujeres. Disfrutan de las conversaciones de uno a uno porque son más personales e íntimas y construyen relaciones. Para la mayoría de los hombres, la conversación se utiliza para obtener prestigio, para negociar, para resolver problemas, para captar la atención y hasta para mantener su independencia.[17]

Cómo obtener la respuesta que uno desea

Cuando nos comunicamos para cambiar debemos hacer pedidos; pero con demasiada frecuencia, estos pedidos suenan a demandas. Cuando un esposo o una esposa hacen un pedido es un momento muy esencial. Si el esposo pide algo cuando su esposa se encuentra en medio de algún proyecto, no puede esperar una respuesta inmediata. Y tal vez no la espere, pero su esposa puede interpretar que desea una respuesta inmediata. Sería bueno que el hombre dijera: «No lo pido ni lo necesito ahora, tan solo me gustaría saber si...» o «¿Podrías tener esto listo para mañana?»

Si una esposa ve que su esposo está a punto de realizar una tarea, es mejor que no le pida que haga lo que evidentemente está por hacer. Y si está concentrado en algún proyecto, ella puede esperar o dejarle una nota para la siguiente tarea.

El escritor John Gray presenta un concepto interesante haciéndole una sugerencia muy precisa a las mujeres para cuando les pidan a sus esposos que hagan algo. Cuando se le pide a un hombre que realice una tarea, es importante preguntar: «¿Harías tal cosa?» en lugar de: «¿Podrías?» Cuando se usa la palabra «podrías» pareciera que se está poniendo en duda si puede. La frase «¿Harías tal cosa?» pide una decisión como también un compromiso.

Aquí tenemos algunos ejemplos de pedidos indirectos y directos:

Pedido indirecto	**Pedidos directos**
Hay que recoger a los niños y yo no puedo.	¿Me recogerías a los niños?
Las provisiones están en el automóvil.	¿Me traerías las provisiones?
No entra nada más en el contenedor de basura.	¿Me vaciarías el contenedor de basura?
El patio trasero es un verdadero desorden.	¿Me limpiarías el patio trasero?
No hemos salido en semanas.	¿Me llevarías a pasear esta semana?[18]

También existen algunas palabras que le infunden temor al corazón del hombre. Estas son:

«Hablemos», o «Necesito hablar contigo».

Un hombre interpreta esas palabras como:

Código de emergencia
Hombre al agua
Me van a botar

Para una mujer, estas mismas palabras pueden significar:

Estemos juntos
Acércate más
Resolvamos juntos el problema
Tengo tanto que decirte

Por lo regular, una mujer dice: «Hablemos» o «Tenemos que hablar», cuando algo anda mal. No es de asombrarse que los hombres se sientan amenazados cuando escuchan esas palabras. Sería bueno si la esposa dijera: «Hablemos», cuando desea alabar a su marido.[19]

Tanto los hombres como las mujeres piensan, *¿Por qué tengo que someterme a todo este trabajo de adaptación y cambio? Si mi cónyuge hablara menos (o más) y escuchara, todo estaría bien.* He aquí la verdadera pregunta que debemos formularnos: *¿Lo que estoy haciendo da resultado? Si no es así, ¿por qué seguir haciéndolo?* Existe una manera mejor.

¿Cuál es su plan?

1. A la luz de esta información acerca del lenguaje de cada sexo, ¿cómo cambiaría la respuesta hacia su cónyuge?

2. ¿Cómo le gustaría que su cónyuge le respondiera?

Notas

1. Michael McGill, *The McGill Report on Male Intimacy* [El informe McGill acerca de la intimidad masculina] (San Francisco: Harper & Row, 1985), pág. 74.
2. Michael Gurian, *The Wonder of Boys* [La maravilla de los niños varones] (Nueva York: G. P. Putnam, 1996), págs. 11-15, adaptado.
3. Ibíd., págs. 16, 17, adaptado.
4. Joe Tanenbaum, *Male and Female Realities* [Las realidades masculinas y femeninas] (San Marcos, Calif.: Robert Erdmann P ublishing, 1990), págs. 96, 97, adaptado.
5. Joan Shapiro, *Men, A Translation for Women* [Los hombres, una traducción para las mujeres] (Nueva York: Avon Books, 1992), págs. 71-84, adaptado.
6. Tanenbaum, *Male and Female Realities* [Las realidades del hombre y la mujer], págs. 40, 82, adaptado; Jacquelyn Wonder y Pricilla Donovan, *Whole Brain Thinking* [Pensamiento totalmente cerebral] (Nueva York: William Morrow & Company, 1984), págs. 18-34, adaptado.
7. Tanenbaum, *Male and Female Realities,* pág. 90.
8. Gurian, *The Wonder of Boys,* pág. 23, adaptado.
9. John Gray, *What Your Mother Couldn't Tell You and your Father Didn't* [Ko oque su madre no pudo decirle y lo que su padre no sabía] (Nueva York: HarperCollins, 1994), pág. 90; Tanenbaum, *Male and Female Realities,* capítulos 4-6. Véase también John Gray, *Mars and Venus Together Forever* [Marte y Venus juntos para siempre], y el aun más popular *Men Are from Mars and Women Are from Venus*] [Los hombres son de Marte y las mujeres de Venus, ambos de HarperCollins.
10. Gray, *What Your Mother Couldn't Tell You and Your Father Didn't Know,* págs. 90, 91, adaptado.
11. Deborah Tannen, *You Just Don't Understand* [Simplemente no entiendes], (Nueva York: Morrow Publishing, 1990), págs. 42, 77, adaptado.
12. Judith C. Tingley, *Genderflex* (Nueva York: Amacom, 1993), pág. 16, adaptado.
13. *Transcultural Leadership, Empowering the Diverse Work Force* (Houston, Tex.: Gulf Publishing, 1993), s/p.
14. Tingley, *Genderflex,* pág. 16.
15. Ibíd. pág. 19, adaptado.
16. Ibíd.. pág. 29, adaptado.
17. Tanen, *You Just Don't Understand,* pág. 77, adaptado.
18. Gray, *What Your Mother Couldn't Tell You and Your Father Didn't Know,* pág. 250.
19. Sharyn Wolf, *How to Stay Lovers for Life* (Nueva York: Dutton, 1997), págs. 38, 39.

¿QUÉ ME DICE DE
LA PERSONALIDAD?

Capítulo ocho

¿Alguna vez se ha sentido frustrado porque su cónyuge siempre parece estar ocupado vaya a saber uno por qué?

¿Comienza el día con grandes intenciones de llegar a hacer unas pocas cosas específicas pero algo lo distrae?

¿Alguna vez ha estado entusiasmado al tener que ir a pasar algún tiempo de comunión en la iglesia, compartiendo con muchos de sus amigos pero su cónyuge se ha quejado por tener que soportar otra velada de conversaciones huecas?

¿Alguna vez se sorprendió de que la gente lo vea como una persona insensible e indiferente, cuando en lo profundo de su ser es muy sensible y se preocupa por los demás?

¿Alguna vez se ha ido de una reunión social con la confianza de que ha causado una buena impresión, solo para descubrir mientras conduce de vuelta a casa que su cónyuge le marca por lo menos diez cosas que hubiera podido decir mejor o que no debiera haber dicho en absoluto?

¿Tiene amigos que parecen calmos y relajados, que tienen mucho tiempo para jugar, mientras que usted se siente como un hámster dando vueltas en una ruedita?

Gente diferente, formas diferentes

En ninguna otra parte la creatividad de Dios se hace más evidente que en el ser humano. No hay dos de nosotros que seamos exactamente iguales. Hasta los gemelos idénticos pueden tener personalidades opuestas. Cada uno de nosotros tiene una combinación de dones, talentos, actitudes, creencias, necesidades y deseos que son diferentes a la de cualquier otra persona. En parte, esto es lo que hace que la vida sea tan interesante. ¡No hay problema con ser diferentes! Pero, ¿está bien que su cónyuge sea diferente?

Si alguna vez ha observado a alguna familia con más de un hijo, quizá se habrá asombrado al ver que los hijos que tienen los mismos genes, que han sido criados por los mismo padres, en el mismo vecindario, comiendo la misma dieta, que han ido a la misma escuela e iglesia, puedan ser totalmente diferentes. ¿Cuál es la razón de estas diferencias?

¿Por qué a algunas personas les encanta estar solos durante horas y horas y otros se vuelven locos si no tienen a alguien a su alrededor? ¿Por qué una persona siempre tiene ideas nuevas e inventa cosas mientras que la otra se conforma con usar las cosas como se «supone» que se deben usar? ¿Por qué a algunas personas les gusta hablar acerca de un asunto de manera exhaustiva mientras que otros prefieren elaborarlo solos y luego hablar al respecto? ¿Por qué una persona le da la bienvenida a un nuevo empleado y otro actúa como si fuera el fin del mundo? ¿Por qué algunos pueden leer un libro durante una hora sin aburrirse o distraerse mientras que otros comienzan a trepar por las paredes cuando pasaron nada más de diez minutos? ¿Por qué algunas personas se enorgullecen de tener una oficina limpia y ordenada mientras que a las oficinas de otros parece que las hubieran usado para pruebas nucleares?

En el Salmo 139:14 (La Biblia al Día) leemos: «¡Gracias por haberme hecho tan admirablemente complicado! Es admirable pensar en ello. Maravillosa es la obra de tus manos, ¡y qué bien la conozco!» La Biblia enseña claramente que cada persona ha sido hecha a imagen de Dios y tiene un valor infinito.

Al mirar algunas de las diferencias entre los hombres y las mujeres, y sus estilos de comunicación, es probable que haya pensado: *¡Pero no todos los hombres son iguales! Algunos hombres son tan diferentes de otros. Lo mismo sucede con algunas mujeres... ¿Por qué? Cuando conozco a una persona nueva, ¿cómo hago para descubrir cuál es la mejor manera de hablar con él o con ella?*

Las diferencias en los tipos de personalidades son la razón por la cual ve tales variaciones entre la gente.

> LOS TIPOS DE PERSONALIDAD ESTÁN FORMADOS POR VARIAS PREFERENCIAS O TENDENCIAS INNATAS QUE TIENEN UN FUERTE IMPACTO EN LA MANERA EN QUE NOS DESARROLLAMOS COMO INDIVIDUOS.

Comprendamos los tipos de personalidad

¿Qué son los tipos de personalidad? ¿Cómo funcionan? Los tipos de personalidad están formados por varias preferencias o tendencias innatas que tienen un fuerte impacto en la manera en la que nos desarrollamos como individuos. Cada uno de nosotros comienza la vida con una pequeña cantidad de rasgos de personalidad heredados que nos hacen un poco diferentes del resto de las personas. ¿Sabe cuáles son algunos de sus rasgos? ¿Qué era lo que lo hacía un poco (o muy) diferente de su madre o de su padre, de su hermano o de su hermana?

Cada rasgo es un ladrillo fundamental que construye la personalidad. Estos rasgos básicos innatos determinan muchas de las diferencias individuales en la personalidad. Aunque los rasgos básicos están presentes en el nacimiento, el entorno y la forma en la que nos crían los influyen y modifican.

Existen numerosas teorías y explicaciones acerca de la personalidad. La que vamos a utilizar es la *Myers-Briggs Type Indicator* (MBTI). Proporciona una manera práctica de identificar, traducir y comprender las diferencias fundamentales en la personalidad. El MBTI identifica cuatro grupos de rasgos o *preferencias* contrastantes en las personalidades: extroversión e introversión, sentido e intuición, pensamiento y sentimiento, juicio y percepción. Cada rasgo se puede identificar por su nombre completo o por la letra que se le asigna. Una preferencia es la elección consciente o inconsciente que hace una persona en ciertos campos designados.

De qué manera la gente junta energía y responde
Extroversión (E)————(I) Introversión

De qué manera la gente junta datos e información
Sentido (S)————(N) Intuición

De qué manera la gente toma decisiones:
con el corazón o con la cabeza
Pensamiento (T)————(F) Sentimiento

De qué manera la gente estructura su vida
Juicio (J)————(P) Percepción

De acuerdo con esta teoría, todos usan los ocho rasgos, pero uno de cada par es el preferido y el que se desarrolla más profundamente. Es similar al hecho de que a pesar de que tenemos dos manos y las usamos a ambas, tendemos a preferir una más que la otra. Las personas son diestros o zurdos. Cuando usa su mano preferida, las tareas generalmente son más fáciles, llevan menos tiempo y resultan menos frustrantes, y el resultado final es mejor.

Al presentar las diferentes preferencias, notará muchas variaciones. Por ejemplo, una persona extrovertida puede encajar en todas las características mencionadas. Por cierto, en una escala del 0 al 10, este E en particular puede tener un 10 y sería lo que llamaríamos un E total, en tanto que otro extrovertido puede tener un 6 en la escala. Algunas personas pueden descubrir que tienen características de ambas preferencias en cada par. Es muy normal si una persona no tiene una preferencia fuerte en un sentido o en otro.

Este MBTI es una herramienta que no hace de la gente estereotipos ni los ubica en compartimentos inflexibles. Se parece más a un número de código de área. Le dice el estado, la ciudad y el vecindario, pero no le da la dirección específica.

Un aspecto clave del MBTI es que no abre juicios. El MBTI se basó en la creencia de que, aunque existen diferentes enfoques en cuanto a la interacción entre los individuos, ningún conjunto de preferencias es mejor o peor que cualquier otro conjunto de preferencias. De esta manera, el MBTI no intenta cambiar el comportamiento para alcanzar un ideal dado; más bien, anima a los individuos a que comprendan y aprecien las propias preferencias de su personalidad y las de los demás.

Es posible irse a un extremo y no tener acceso jamás a un rasgo no preferido. Entonces la maximización de su punto fuerte se convierte en su pasivo. Como sucede con la bebida, la comida o ciertas otras cosas, demasiado de algo bueno puede conducirnos a problemas. Si tiene una preferencia demasiado fuerte o demasiado claramente definida, puede resultar una maldición en lugar de una bendición.

¿Qué piensa?

1. ¿Cuáles son sus pensamientos acerca del valor del tipo de personalidad?
2. ¿Qué adjetivos descriptivos (cinco) usaría para describirse a sí mismo?

3. ¿Qué adjetivos descriptivos (cinco) utilizaría para describir a su cónyuge?

Hablaremos sobre algunos tipos de personalidades luego de que Santiago y Alicia hablen acerca de sus diferencias y de cómo aprendieron a ajustarse a ellas. He aquí la historia de Santiago:

Mi nombre es Santiago. Me gustaría contarles acerca de mi extrovertida y sociable esposa. Así la llamo ahora, y así la llamaba antes de casarnos. Pero luego de unos dos años de casados, comencé a llamarla «¡Bocona!» Hablaba y hablaba. Hasta hablaba consigo misma. Ahora bien, yo soy exactamente lo opuesto. Soy de muy pocas palabras. Al principio me atrajo su charla. Luego la repelía. Mis oídos estaban exhaustos.

No comprendía por qué Alicia tenía que pensar tanto en voz alta. Parecía como si deseara que todo el mundo se enterara de sus locas ideas. Y no es porque sea mujer. He visto a hombres que son tal cual. Pero parecía que comenzaba a hablar antes de que el cerebro le empezara a funcionar. Algunas veces sentía que mi espacio se veía invadido por sus interminables comentarios acerca de todo, por las mismas cosas que decía una y otra vez o por desear una respuesta inmediata de mi parte a una pregunta sobre la cual nunca había tenido la oportunidad de pensar. Hombre, todo esto me desgastó.

Hasta algunas veces me iba al garaje para distraerme (y encontrar algo de paz y quietud) y Alicia me seguía hasta allí y sacaba algún tema, me pedía mi opinión y llegaba a su propia conclusión antes de que yo siquiera hubiera podido pensar en ello. Me quedaba allí meneando la cabeza y preguntándome: *¿Para qué me lo pregunta?*

Cuando vamos a alguna actividad, pareciera que conoce a todo el mundo y se quiere quedar para siempre. Aparentemente nunca alcanza la cuota necesaria de sociabilidad. He visto a hombres así también. Siempre me he preguntado cómo lo hacen. A mí me deja sin energía, pero a ella parece producirle una descarga de adrenalina.

Ah, y espere a escuchar lo siguiente: pienso que soy un tipo que me preocupo por los demás. Digo elogios; tal vez no tantos como pudiera, pero creo que nunca podría decirle los suficientes a Alicia. Es tan capaz y tan dotada. Pero parece que ella no lo cree a menos que yo o alguien se lo diga. Solía preguntarme por qué me preguntaba qué tal lo había hecho o cómo se veía cuando la respuesta era evidente: ¡Fantástica!

Y algo más que me fastidiaba —Alicia está mejor ahora— me interrumpía cuando hablábamos. A mí me lleva más tiempo pensar las cosas y llegar a una conclusión. Por lo tanto, si hablaba o pensaba con demasiada lentitud, o me interrumpía o bien terminaba la frase que yo estaba diciendo. Tuvimos una buena discusión (pelea) acerca de esto. Pero está mucho mejor ahora y no evito las discusiones con ella. Algunas veces le recuerdo que la velocidad de pensar y de hablar que tenemos es diferente, y eso ayuda.

Cuando tenemos un conflicto, pienso (o solía pensar) que se habla demasiado del problema. Alicia cree que si hablamos un poquito más, todo se va a resolver. ¿Resolver? Unas pocas palabras más serían el colmo. Con el tiempo, aprendimos a poner algunos límites a cada segmento de la conversación para que yo tuviera tiempo para pensar. Luego, estaba listo para continuar. También me esforcé por compartir mi primera reacción sin tener que pensar tanto.

De vez en cuando le he dicho a Alicia: «Mi amor, quiero que resuelvas esto, pero para que yo pueda continuar, como me estoy sintiendo exhausto, ¿por qué no escribes lo que piensas o dejas tus pensamientos en la computadora? Así, yo podré leerlos nuevamente y responderte. ¿Está bien?» Esto nos ha dado resultado, y de esa manera, Alicia tampoco se siente tan cargada, ya que yo tiendo a apartarme de eso. Solía decirle: «No vas a lograr que te responda si me gritas. No va a dar resultado». Ahora le digo: «Deseo escucharte. Me gustaría que me lo dijeras en voz baja y me dieras la oportunidad de responder».

Algunas veces le preguntaba: «¿Por qué sacas ese tema otra vez? Ya hemos hablado de eso». Alicia decía: «No, no lo hemos hecho». Y luego nos peleábamos en cuanto a si lo habíamos hecho o no. Esto siguió así durante años, hasta que un día la escuché decir: «¿No será que ensayas conversaciones en tu mente y luego piensas que ya lo hemos hablado?» ¡Sorpresa! Eso es lo que hago, y cuando ella lo dijo, me di cuenta. Afortunadamente, hemos aprendido a reírnos del asunto. Algunas veces me río de mí mismo y digo: «Sí, he hablado de esto contigo... en mi mente».

Algunas veces me preocupa lo que Alicia les dice a los demás acerca de nosotros o de nuestra intimidad. Ya sabe, de cómo hacemos el amor. A ella le encanta hablar de eso aun cuando no lo estamos haciendo, y algunas veces, durante un momento romántico ella quiere hablar. Yo no soy así. No digo mucho, pero he aprendido que esto es lo que Alicia disfruta. Y se está convirtiendo en algo más confortable.

Lo que realmente me ha ayudado (y nos ha ayudado) es darnos cuenta de que la manera de ser de Alicia no tiene nada de malo. Así es ella. Es su forma de ser. Creo que es la forma en que Dios la creó. Ella está bien, yo estoy bien. Simplemente somos diferentes y podemos aprender a ajustarnos.

He aprendido a apreciar el hecho de que me ha ayudado a ser más sociable y a involucrarme más con otra gente. Es evidente que Alicia necesita más interacción y más tiempo con la gente que lo que yo necesito. Ahora me alegra proporcionárselo. Está bien que vaya a lugares y cotorree, y yo me puedo quedar en casa o encontrarme con alguno de mis amigos varones.

Realmente me ha ayudado a entender que Alicia necesita hablar en voz alta para imaginarse las cosas. Y eso no quiere decir que vaya a hacer lo que está pensando en voz alta. Solo está pensando. He aprendido a no suponer.

No somos perfectos, pero nos aceptamos mucho más. Hemos aprendido a ser creativos en la manera en que nos acercamos el uno al otro. Y todo está mucho más en paz».

Alicia nos cuenta la historia de su travesía:

Bueno, trataré de ser breve (¡eso fue una broma!). Soy una persona salidora y conversadora que, por alguna extraña razón, se sintió atraída hacia un hombre tranquilo, reservado y meditabundo. Sabía que éramos diferentes mientras estábamos de novio, pero nunca me di cuenta de cuán diferentes éramos hasta que nos casamos. El momento en que sí me hizo mal fue la noche que me imaginé que Santiago me evitaba. Aun cuando le hablaba parecía que él no veía la hora de que dejara de hacerlo. Y sus respuestas eran cada vez más cortas. Parecía que pensaba que si decía menos, yo no tendría tanto para responder. Tal vez fue verdad, porque con el tiempo me cansé y mantenía mi vida social en el teléfono. Me sentía rechazada y herida porque no podía conversar lo suficiente con Santiago. No podía imaginarme por qué él era así. Al comienzo pensé: *Así son los hombres* . Pero otros con los cuales había salido no eran siempre así. He conocido mujeres que son como Santiago. Por lo tanto, supuse que era la manera en que lo habían ensamblado y conectado.

Simplemente me encanta estar con otras personas. Me energiza. Pero no pasa mucho tiempo (al menos eso es lo que me parece a mí) antes de que Santiago se canse en una fiesta y desee salir más temprano. Lo he visto sentarse en un rincón solo o irse a otra habitación durante un momento nada más que para estar a solas. Solía pensar: *¿Qué le pasa a este hombre?* Luego comencé a descubrir que Santiago necesita algo de tranquilidad y de espacio para recuperar la energía. Para mí eso es agotador, pero a él lo reanima.

Es amigable y se comunica bien, pero no sale de su camino para conectarse con la gente. Yo tengo toneladas de amigos. Él está satisfecho con tener dos. Fíjese, allí está la diferencia, ¡solo dos! Eso no sería suficiente para mí. Necesito más personas con las cuales hablar, y me encantan las interrupciones. Son grandiosas, pero a Santiago realmente le molestan. Es como si necesitara saber por adelantado que lo van a interrumpir.

Uno de nuestros mayores conflictos es, o era, el aspecto de la comunicación. Me gusta que las cosas se resuelvan, y eso significa hablar acerca de cada parte del problema. Pero cuando hablábamos, o cuando yo hablaba, cuanto más lo hacía, él más parecía retraerse. Por lo tanto, me imaginé que debía perseguirlo y entonces estaría dispuesto a abrirse. ¡No tuve esa suerte! Se retraía como una ostra o decía: «No sé». Admito que yo quería respuestas inmediatas. Solía decir: «Santiago, dímelo ahora mismo. No necesitas tiempo. ¡Por el amor de Dios, dímelo!» Y entonces, nada. Silencio. Parecía que le había producido un cortocircuito en su capacidad de pensar. ¡Y más tarde descubrí que eso era lo que había hecho!

Santiago se parece más a lo que llaman una persona reservada. A través de algunas lecturas, descubrí que es la clase de persona a la cual le gusta pensar las cosas en la tranquila intimidad de su mente, sin presiones, ¡y entonces, tiene mucho que decir! Yo no sabía nada acerca de esto. Ahora, cuando necesito su opinión o necesito hablar acerca de algo, me dirijo a él y le digo: «Santiago, aquí hay algo en lo que me gustaría que pienses. Ponlo en la hornilla de atrás donde pueda hervir a fuego lento durante un rato. Cuando esté listo, hablemos del asunto». Él lo valora y hablamos más. Y no vaya a creer que siempre usa un cacharro para cocinar. ¡Algunas veces usa un microondas! Después de algún tiempo de hacer esto, me dijo: «Gracias por reconocer y respetar mi necesidad de pensar las cosas en la intimidad de mi mente». Eso estuvo bueno, porque me gustan los elogios.

He tenido que aprender que a él no le resulta cómodo pensar y hablar rápido en voz alta. Ese es mi mundo, no el suyo. Unas pocas veces, entramos en conflictos en los que lo presioné tanto que tuvo estallidos que parecían extremos. Aprendí a no presionar. Es mejor dejarlo pensar primero.

También he aprendido a no interrumpirlo con cada pensamiento que me viene a la cabeza. Finalmente estoy aprendiendo a editar mis pensamientos y a escoger momentos en los que puedo captar su atención. Sé que mi manera de pensar en voz alta solía molestarle porque pensaba que todo lo que decía era así. Me gusta poner las cosas en orden y no me importa quién se entere. Por lo tanto ahora, le advierto diciendo: «Santiago, solo estoy pensando en voz alta otra vez. Puedes relajarte, porque no voy a cambiar todos los muebles de la casa hoy».

Verá, solía pensar que la quietud y el retraimiento de Santiago algunas veces era una forma pasivo-agresiva de vengarse de mí. Pero no lo era. Dios me hizo única e hizo a Santiago tal como es. Sencillamente, yo no lo entendía. Este último mes, pensó dos veces en voz alta junto conmigo, lo cual fue maravilloso. Sé que fue difícil para él, pero fue grandioso ver que hizo ese esfuerzo. Detesto admitirlo, lo detesto, pero veo que existe algún valor en estar solo y en silencio... algunas veces... solo un poquito.

También he aprendido que cuando lo animo a ser como es, recibo más de lo que necesito. Los otros días, sabía que estaba rendido, pero yo necesitaba conversar. Por lo general, hubiera forzado la discusión o hubiera tratado de hacerlo, pero recordé un par de pasajes de Proverbios: «No hables tanto; continuamente te pones en ridículo. Sé inteligente; deja la habladuría» (Proverbios 10:19, La Biblia al Día). «El dominio de sí mismo consiste en dominar la lengua. La contestación apresurada puede arruinarlo todo» (Proverbios 13:3, La Biblia al Día). Así que le dije a Santiago: «Parece que necesitas algún tiempo para recuperarte. Por qué no te vas a leer o a hacer cualquier otra cosa y tal vez podemos hablar un poco más tarde». Y sí que hablamos, mucho. Además, estoy aprendiendo a escribirle notas también.

Santiago comprende cosas que antes solían fastidiarme. Ha mejorado, pero yo he aprendido que unas pocas palabras suyas valen por cien de las mías. Cuando tiene una gran sonrisa en el rostro y no dice mucho, yo le digo: «Parece que esa sonrisa vale por quinientas palabras mías». Y él me dice: «Acertaste. ¡Sencillamente me encanta tener buenos traductores!»

Así que he aprendido a darle tiempo y espacio y a no interrumpirlo cuando habla. Y ya no supongo que no tiene opiniones o que no desea hablar. Es selectivo y más metódico, mientras que yo utilizo el método de la escopeta.

Bueno, allí están: Santiago y Alicia. Cada uno casado con una persona opuesta, y ¿sabe una cosa? Ningún estilo es malo. Cada uno fue creado de una forma única. ¿Se identifica con alguno de ellos? O tal vez vio un poquito de usted en ambos.

¿Qué piensa?

1. ¿Con cuál de los dos se identifica más, con Santiago o con Alicia?
2. Haga una lista de cinco de las características mencionadas que también lo identifiquen a usted.
3. ¿Qué sugerencias haría para permitirle a un extrovertido y a un introvertido para que se comuniquen de una manera más eficaz?

Resumamos cómo son los E y los I. Usted tiene sus propias definiciones acerca de cómo es una persona extrovertida y una introvertida, pero aclaremos algunos puntos. Estas cualidades delinean la manera en que la gente prefiere interactuar con el medio o la manera en que obtienen energía.

El extrovertido

Recuerde, una persona extrovertida (E) obtiene energía de la gente. Los E viven en función de la gente. Un introvertido (I) se energiza estando solo y prefiere la intimidad.

Las preferencias de los extrovertidos y de los introvertidos se centran en la manera en que obtenemos energía. Somos como baterías. Cuando una batería se encuentra adosada al cargador, la

> La energía fluye hacia el interior del extrovertido cuando se encuentran en medio de otras personas; la energía fluye hacia el interior del introvertido cuando pueden reflexionar en silencio.

energía fluye hacia la batería. Cuando se la coloca en una linterna, la energía fluye desde la batería hacia fuera.

La energía fluye *hacia el interior* del extrovertido cuando se encuentran en medio de otras personas. La energía fluye *hacia fuera* cuando reflexionan en silencio acerca de algún asunto. En contraposición, la energía fluye *hacia el interior* del introvertido cuando pueden reflexionar en silencio, mientras que la energía fluye *hacia fuera* cuando interactúan con otras personas.

El extrovertido es una criatura sociable. Se alimentan de la energía de la gente. Los amigos y los desconocidos se pueden acercar a ellos de la misma manera. Algunas veces pueden tender a dominar la conversación. Si los invitan a una fiesta de seis horas, se sentirán en el séptimo cielo. Al final de la fiesta están conectados y listos para salir con sus amigos a tomar un café. Hablan con todos; de hecho, es probable que con demasiada rapidez hablen de cosas personales, lo que puede preocupar a un compañero introvertido.

Los extrovertidos no son los mejores escuchas. A ellos les resulta más difícil escuchar que hablar porque tienen que dejar de ser el centro de la atención. También pueden tener la tendencia a interrumpir.

A los extrovertidos se los ha descrito como bocas andantes. En lugar de pensar primero, hablan sin tener la menor idea de lo que van a decir hasta que se escuchan a sí mismos. Se devanan los sesos en voz alta para que todo el mundo escuche y necesitan pensar en voz alta para llegar a una respuesta. Las ideas a las que llegan no son concretas. Siguen trabajando en ellas, pero dejan que cualquiera entre en el proceso. Tienden a hablar más rápido y en voz más alta y son un poco más animados. Los extrovertidos también prefieren un gran campo de juego en la vida sin demasiados límites.

Una característica típica es que les gusta el ruido. Esperan la interrupción de una llamada telefónica y si el teléfono no suena, ellos comienzan a llamar a los demás. Cuando llegan a la casa, encienden el televisor o el equipo de música, aunque no miren ni escuchen. Les gusta tener ruido a su alrededor.

En medio de los conflictos hablan más fuerte y más rápido y creen que si pueden decir tan solo una cosa más, todo estará bien.

Los extrovertidos se sienten solitarios cuando su cónyuge no está con ellos. Tratan de hacer cosas con su cónyuge en lugar de quedarse por allí sentados. A juzgar por la manera en que se conectan con la gente, uno pensaría que son muy seguros de sí mismos, pero, sin embargo, tienen una gran necesidad de afirmación y de elogios de parte de todos, especialmente de la gente que para ellos es significativa. Pueden pensar que han hecho una buena tarea, pero no lo creerán hasta que lo hayan escuchado de alguna otra persona. También pueden pedir una opinión. En otras palabras, ellos *necesitan*.

El introvertido

Por otra parte, los introvertidos necesitan formular en la intimidad de sus pensamientos lo que van a decir antes de estar listos para compartirlo. Si se los presiona para que den una respuesta rápida e inmediata, sus mentes se cierran. Responden: «Déjame pensarlo» o «Más tarde te digo lo que pienso».

Con frecuencia se les ve como tímidos o reservados. Prefieren compartir su tiempo con una persona o con unos pocos amigos cercanos. Generalmente, en presencia de extraños, permanecen en silencio. Aman la intimidad y el tiempo tranquilo a solas. Aprenden a concentrarse y a aislarse del ruido.

Si lo invita a una fiesta de seis horas le responderá: «¡Seis horas! Debes estar bromeando. ¿Qué haré durante seis horas? ¡Quedaré aniquilado!» Entonces, el introvertido llega tarde, habla con algunas personas, una a la vez, y se va más temprano. Así se sienten cómodos. Es probable que tampoco les importe el tiempo de comunión en una escuela dominical o en una reunión de la iglesia.

Los introvertidos son buenos para escuchar y detestan que los interrumpan cuando hablan. Cuando se encuentran en una relación, tienden a guardarse sus pensamientos y desearían que su compañero o compañera hiciera lo mismo, si se trata de un extrovertido. También tienden a tener cuidado cuando entran en una nueva relación.

Cuando les hacen un pregunta, se toman un promedio de siete segundos antes de responder. (El problema es que si la otra persona es un extrovertido, esperará un segundo y medio antes de saltar para dar una respuesta.) Nuestras escuelas están orientadas a los niños extrovertidos. Cuando la maestra hace una pregunta, todos ellos levantan la mano, aunque todavía no sepan la respuesta. Formularán la respuesta mientras hablan en voz alta. El campo de juego se nivelaría si la maestra le dijera a la clase: «Aquí tienen una pregunta. Me gustaría que todos ustedes pensaran en la respuesta durante veinte segundos, y luego les diré cuándo deben levantar la mano». Un pedido como este les da la misma oportunidad a los introvertidos, que desearían que los demás ensayaran en sus pensamientos antes de hablar.

Como nos enteramos al leer acerca de Santiago, los introvertidos tienen grandes conversaciones consigo mismos, incluyendo lo que la otra persona dice y sus propias respuestas. Pueden hacerlo de manera tan realista que creen que la conversación en realidad tuvo lugar.

Los introvertidos sospechan de los elogios. A su vez, los dan con moderación. Por lo tanto, si su cónyuge es un extrovertido, ¿de qué manera esto puede afectar la relación?

Cuando están casados, pueden soportar la ausencia de la otra persona bastante bien. Por lo general, prefieren estar con la otra persona, sin demasiada actividad y ruido, y se sienten más cómodos en un campo de juego pequeño, uno que puedan controlar. Tienen límites bien definidos y su lema es: «Tú te quedas fuera de mi territorio y yo me quedaré fuera del tuyo».

La compatibilidad entre los E y los I

¿Un E y un I pueden ser compatibles? ¿Y qué me dice si hablamos de casos extremos de E y de I? Puede suponer que dos extrovertidos y dos introvertidos serán más compatibles debido a sus similitudes, pero se deben tener en cuenta otros factores de nuestras personalidades porque representan un papel muy importante en la ecuación de la compatibilidad. Francamente, cualquier combinación de personalidades da trabajo hasta que se vuelven compatibles.

Una pareja formada por un E y un I puede experimentar más entusiasmo y romance en su relación. La desventaja es que probablemente tendrán que hacer un esfuerzo más grande para ser compatibles. Las parejas que tienen las mismas preferencias o que se aproximan en sus gustos pueden encontrar que la compatibilidad llega con más facilidad, pero necesitan trabajar en el área de traer ideas y recursos estimulantes a su relación o de lo contrario, corren el riesgo de caer en la rutina.

Precisamente la característica que produjo atracción entre un E y un I antes de casarse, puede ser el principal motivo de conflicto luego del matrimonio, ya que la preferencia de cada persona parecerá más extrema al tener que afrontarla en la cercanía diaria.

¿Qué pueden hacer dos tipos de preferencias diferentes para ser compatibles? Pueden aceptar y elogiar verbalmente las diferencias de su cónyuge y su exclusividad, evitando tratar de cambiar al otro convirtiéndolo en una edición revisada de sus propias preferencias.

Pueden alabar a Dios por los puntos fuertes de cada uno, como la habilidad de un extrovertido para conectarse socialmente y la estabilidad, la fuerza y la profundidad de pensamiento de un introvertido.

Los E deben recordar que los I pueden quedar exhaustos luego de una socialización superficial. Los introvertidos prefieren reuniones menos frecuentes con unas pocas personas, en particular con aquellos con quienes se sienten cómodos. Un extrovertido puede ayudar en una reunión social grande pero *no* debe presentarle a su cónyuge a todo el mundo (lo cual hace que el introvertido se convierta en el centro de la atención una interminable cantidad de veces), no hablando en voz demasiado alta, no revelando detalles personales acerca de su relación y no pidiéndoles que oren en voz alta o haciéndoles una pregunta que requiera una respuesta inmediata.

Cuando un E desea hablar con un I, una buena ayuda es acercarse al I de la siguiente manera: «Aquí hay algo que me interesa saber. ¿Por qué no piensas en ello y me dejas conocer tu respuesta». A un introvertido le encantará esto. Un extrovertido también puede elegir individuos con los cuales su cónyuge se sienta como en una conversación de uno a uno.

Un extrovertido puede necesitar que su compañero le haga saber cuándo se le ha acabado la batería y que necesita retirarse; pero los introvertidos también deben recordar que un compañero extrovertido se desarrolla estando con gente. Una solución sería que el I animara a su cónyuge a ir a la fiesta antes que él para tener más tiempo para relacionarse socialmente. Por sobre todas las cosas, un I necesita decirle a su compañero E más elogios de los que cree necesarios.

Una mujer se casó y la familia de su esposo estaba compuesta por ocho (sí, *ocho*) personas muy extrovertidas. En los encuentros familiares, solo puede aguantar alrededor de una hora. Luego se toma un recreo de media hora, sola, en otra habitación para revitalizarse. Esto le puede parecer ridículo o mal educado. No, es la realidad, y la única manera posible de que funcione. Los otros miembros de la familia ahora entienden la diferencia y la aceptan.

No podemos luchar contra la manera en la que Dios nos creó como seres exclusivos; pero debemos buscar el equilibrio como así también el satisfacer las necesidades mutuas.

Cuando los I escuchan a sus compañeros E devanándose los sesos en voz alta, no debieran suponer que lo que escuchan es un hecho. El E simplemente está procesando en voz alta para que todo el mundo lo escuche. Pregúntele: «¿Te estás devanando los sesos de nuevo?» y es probable que obtendrá como respuesta un «sí». Por otra parte, a los E los ayudaría anunciar que están haciendo eso cuando suceda. Y cuando un I está pensando en algo, sería bueno que se lo dejara saber al E en lugar de permitir que se sienta como que no le presta atención. Para un E es fácil sentirse rechazado cuando el I no le dice nada (aunque dentro de la mente del I se esté desarrollando una gran conversación).

Veamos otro escenario matrimonial. Supongamos que el esposo es todo lo E que se puede ser y su esposa es una I. No dice mucho estando en grupo, pero con los amigos cercanos habla más que su esposo. A él le encantaría tener la casa llena de gente los domingos por la tarde. Para ella, tres o cuatro veces al año es suficiente. ¿Cómo pueden llegar a un acuerdo? Invitan a tres parejas una vez al mes luego de la iglesia. La esposa conoce a dos de ellas y se siente cómoda con su compañía. La otra pareja es nueva para ella, pero en un grupo pequeño puede llegar a conocerlos. Este E y esta I han aprendido a ser compatibles.

¿Qué me dice de usted? ¿Qué podría hacer para unirse más y crecer en su relación? Recuerde, se puede crecer gracias a las diferencias.[1]

¿Cuál es su plan?

1. Lea nuevamente el capítulo y anote cada característica que lo describa. (Puede encontrar algunas descripciones que encajan en cualquiera de los dos.)
2. Haga una lista de cómo respondería de manera diferente y de cómo le gustaría que su cónyuge le respondiera de manera diferente para ser más compatibles.
3. ¿Cuáles han sido las características de su cónyuge que le han resultado más difíciles de comprender?

Notas

1. Sandra Hirsh y Jean Kummerow, *Life Types* [Tipos de vida] (Nueva York: Warner Books, 1989), pág. 16, adaptado; Otto Kroeger y Janet M. Thuesen, *Type Talk* [Conversación típica] (Nueva York: Bantam Books, 1988), págs. 15,16, adaptadas; David Luecke, *Prescription for Marriage* [Receta para el matrimonio] (Columbia, Md.: The Relationship Institute, 1989), págs. 54, 55, adaptado.

DIFERENTES MANERAS DE REUNIR INFORMACIÓN

El siguiente conjunto de preferencias tiene un profundo impacto en la comunicación y la intimidad en su relación matrimonial. Estas preferencias reflejan qué clase de información reúne, cómo la reúne, la manera en que presta atención a la información que reunió y la forma en que la comparte. Usted puede ser un reflexivo (S) o un intuitivo (N).

De qué manera procesa la información el reflexivo

Si usted es un reflexivo, introduce la información que recibe a través de los cinco sentidos. Le presta atención a los hechos o detalles de las situaciones. Esto es lo que percibe o nota. Es lo que usted cree.

¿Cómo es un reflexivo? Realmente se ve cómo es en la comunicación. Cuando hace una pregunta, espera una respuesta específica (y de la misma manera da las respuestas). Si le pregunta a su cónyuge: «¿A qué hora nos encontraremos?» y ella le dice: «Alrededor de las 4:00», sencillamente no será suficiente. El esposo puede preguntar: «¿Eso quiere decir a las 3:55, a las 4:00 o a las

4:05?» Así de literal. Solía ir a pescar con un amigo que era lo más exagerado en este aspecto. Todos saben que cuando uno le pregunta al compañero de pesca si tiene la carnada, en realidad, le está pidiendo que se la pase. Pero cuando yo le preguntaba a Felipe si tenía la carnada, me contestaba: «Sí», y eso era todo. No me la pasaba hasta que le decía: «¿Por favor, me pasas la carnada?»

Si alguien le pregunta si tiene hora, le dice: «Sí», pero no le dice a la persona qué hora es hasta que se lo pregunte. No supone; obliga a los demás a ser específicos.

Si está buscando algo y pensando en comprarlo y su cónyuge le dice: «Es una buena oferta; cuesta menos de $100», eso tampoco será suficiente. Quiere el precio más bajo. (Recuerde, cuánto más fuerte sea su preferencia en este área, más fuerte será su comportamiento.)

Usted tiende a ser una persona concentrada. Posee un alto nivel de concentración en lo que hace en el momento. ¿El futuro? Se ocupará de él cuando llegue. No pierde el tiempo pensando qué vendrá después.

Como reflexivo, usted es un hacedor. Si tiene la posibilidad de elegir entre estar sentado pensando en algo o realizar una tarea, no cabe duda de cuál de las dos elegirá. Y desea invertir sus esfuerzos en tareas que arrojen resultados visibles.

Es una persona objetiva. Las teorías no lo apasionan, pero los buenos hechos sí. Este rasgo probablemente afecte el tipo y estilo de predicación o enseñanza a la que responda. Cuando escucha algo de parte de otra persona quiere que se lo presenten de manera secuencial: A – B – C – D. No le gusta cuando los otros dan vueltas alrededor del camino.

Los reflexivos no le encuentran mucho sentido a la fantasía. Se preguntan por qué la gente supone, especula e imagina. ¿Qué hay de bueno en ello?

Una de sus mayores frustraciones se da cuando los demás no les dan una guía clara e instrucciones. Después de todo, ellos son muy explícitos y detallistas. Por lo tanto, les molesta cuando reciben instrucciones que no son más que lineamientos generales. Si le pregunta a un intuitivo (N), «¿Dónde queda el café tal o cual?», le dirá: «Vaya por la calle 17 y doble a la izquierda. Se encuentra a un par de cuadras abajo sobre la derecha. No puede dejar de verlo». Pero un reflexivo dirá: «Dé la vuelta y vuelva al camino por el que vino. Doble a la izquierda y camine una cuadra y media hasta la calle 17 y doble nuevamente a la izquierda. Se encuentra a tres cuadras y media hacia abajo, sobre la izquierda entre un negocio de venta de alimentos y una tintorería que está en un edificio de ladrillos».

Los reflexivos tienen dificultad para ver el plan completo de algo porque se concentran en lo que están haciendo; ven el árbol individual pero no el bosque.

Cuando se trata de dinero (lo cual puede ser una fuente de serios conflictos en una relación), los reflexivos son muy exactos. Para ellos, el dinero es tangible. Cuando lo tienen, pueden usarlo pero solo hasta donde la cantidad lo permite.[1] La visión que los reflexivos tienen del dinero es que es una herramienta para usar. Nada más. En una relación, un reflexivo probablemente mire el dinero de una forma realista más que a través de anteojos de color rosa.

Lo previsible en una relación les da una sensación de seguridad, en tanto que los cambios los desconciertan.

Los intuitivos y su mundo

Si consideramos a un intuitivo, su manera de responder al mundo *no* es a través de los cinco sentidos ni mediante los hechos, sino sobre la base de su sexto sentido o de las corazonadas. Los detalles y los hechos tienen su lugar (tal vez), pero con facilidad pueden aburrirlo. No toma las cosas por su valor nominal; más bien, busca el significado subyacente en las relaciones. Busca *posibilidades*.

> SI USTED ES UN REFLEXIVO, LE PRESTA ATENCIÓN A LOS HECHOS O DETALLES Y SE SIENTE MÁS CÓMODO CON LO QUE EXISTE. SI USTED ES UN INTUITIVO, BUSCA EL SIGNIFICADO SUBYACENTE EN LAS RELACIONES. Y PREFIERE LAS POSIBILIDADES.

La palabra «posibilidad» es muy importante para un intuitivo, cuyo centro de atención no se encuentra en el aquí y ahora sino en el futuro.

Los intuitivos, a veces, parecen un poco distraídos. ¿Por qué? Sencillamente porque les gusta pensar en varias cosas al mismo tiempo. Algunas veces es difícil concentrarse en lo está sucediendo en el momento ya que el futuro tiene tantas posibilidades intrigantes. Los intuitivos viven para el futuro. ¿Y hoy? El propósito de hoy es ayudarnos a prepararnos para mañana. Si un intuitivo se va de viaje a alguna parte, el mismo comienza semanas antes, porque este tipo de personas experimenta todo durante el tiempo de preparación. Pero para los intuitivos, el viaje no comienza hasta que se llega a destino. Recién entonces puede comenzar a experimentarlo.

Existe otra diferencia significativa entre un reflexivo y un intuitivo. Cuando un intuitivo describe algo, es como si realmente estuviera experimentando lo que describe. Una pareja que conozco tiene preferencias diferentes. Juan es un intuitivo y Julia una reflexiva. Él había viajado mucho durante la época universitaria, pero Julia nunca había salido de Nebraska hasta que se casó.

A poco más de un año de haberse casado, Juan le dijo cuál era la vacación soñada que deseaba que realizaran juntos el próximo verano. Deseaba explorar Canadá y Alaska. Le habló de la posibilidad (allí está la palabra otra vez) de conseguir que otra pareja los acompañara y le describió lo que sería conducir desde San Diego hasta Vancouver, B. C., y luego continuar hacia Anchorage, en Alaska. No costaría mucho ya que podían llevar carpas y bolsas de dormir y parar en campamentos a lo largo de todo el camino. Le contó acerca de los lugares, de los carteles y de la vida salvaje que verían y experimentarían. Cuanto más hablaba, más expresivo y absorto se veía. Para él, su descripción era casi real.

Cuando terminó de hablar, esperaba que Julia tuviera tanto entusiasmo como él, pero no fue así. Lo último que sentía era entusiasmo ante la idea, ya que su sentido práctico veía toda clase de problemas. Las preguntas salían una tras otra. «¿Cómo podemos tomarnos tanto tiempo?» «¿Qué sucede si el automóvil se rompe?» «¿Es seguro acampar?» «¿Adónde vamos a comer?» «¿Qué me dices de las duchas?»

Juan se sintió completamente abatido. Pensó que Julia respondería de acuerdo a como él se sentía. Le había compartido un sueño. No había dicho que era un sueño; lo había presentado como si fuera a suceder. Julia había interpretado literalmente todo lo que él había dicho y se sentía abrumada. Si Juan le hubiera presentado el viaje en su lenguaje —de manera objetiva— y hubiera anticipado sus preguntas y dado respuestas detalladas, ella hubiera respondido más favorablemente. Juan se comunicó como si estuviera hablándole a otro intuitivo.

Los intuitivos tienen una manera única de manejarse con el tiempo: para ellos es relativo. Pueden tener un reloj, pero eso no los ayuda a estar a tiempo. La palabra «tarde» no se registra a menos que un acontecimiento haya comenzado sin estar ellos presentes. También pueden retrasarse porque tratan de hacer mucho; pensaron que podían completar esas cinco tareas antes de salir para la reunión. Para cuando se suponía que debían salir, se encuentran en la mitad del segundo proyecto y quieren completarlo.

> SI UN REFLEXIVO PINTA UN LIENZO, SE PARECERÁ A UN NORMAN ROCKWELL. EL LIENZO DE UN INTUITIVO SE PARECERÁ MÁS A UN PICASSO.

Estilos complementarios

¿Puede comenzar a ver cómo un reflexivo y un intuitivo se pueden atraer el uno al otro? El serio, formal y responsable admira a la mariposa de espíritu libre. Pero, ¿también puede ver el potencial que existe para que se estrellen contra la pared una vez que el capricho pasajero y la dicha de la luna de miel hayan pasado?

A los reflexivos se los ve como personas sólidas como una roca. A los intuitivos se los ve como creativos. Pareciera que sus mentes siempre están en movimiento, imaginando cosas por el sencillo placer de hacerlo. Si un reflexivo pinta un lienzo, se parecerá a un Norman Rockwell. El lienzo de un intuitivo se parecerá más a un Picasso.

Para ilustrar las diferencias entre un reflexivo y un intuitivo, se dividió una clase en dos grupos basándose en si eran reflexivos o intuitivos. A cada grupo se lo ubicó en habitaciones separadas y les dieron cajas de piezas de juguete para construir. La única instrucción que se les dio fue que construyeran un edificio.

El edificio que hicieron los reflexivos era preciso y tan fuerte que hubiera podido soportar un terremoto grado 8.0; pero le faltaba estilo, belleza y creatividad. Para un intuitivo era demasiado funcional y hasta aburrido.

El edificio que construyeron los intuitivos era una obra de arte. Era creativo y hubiera enriquecido la apariencia de una ciudad. Pero había un problema. Se lo podía derribar con un solo soplido. La estructura no tenía fuerza.

Para que el edificio tuviera tanto belleza como fuerza, los reflexivos y los intuitivos debieran haber trabajado juntos.

Cómo pueden chocar las diferencias

El reflexivo es un individuo de aquí y ahora. El Dr. David Stoop y Jan Stoop compartieron un ejemplo de esta diferencia en la manera en que viven un reflexivo y un intuitivo la vida:

> La gente intuitiva hace las cosas rápidamente. Comienzan a descender la colina y pronto descubren un trampolín. Volando por el aire, aterrizan al pie de la colina. Les tomó menos de un minuto llegar allí, y se sientan para esperar a su cónyuge reflexivo. Cuando estos llegan, los intuitivos les preguntan: «¿Qué fue lo que te demoró tanto?» Luego de que el reflexivo relaciona todo lo que ha visto al bajar la montaña, se detiene y le pregunta al intuitivo: «¿Cómo llegaste aquí?» Los intuitivos solo pueden decir: «No sé cómo, pero llegué». Entonces, los reflexivos responden: «A mí me puede haber llevado más tiempo, pero al menos sé cómo llegué hasta aquí». Las personas reflexivas también ven un montón de detalles, en tanto que los intuitivos son tan rápidos para llegar a una conclusión, que se pierden los detalles y algunas veces se pierden el gozo del momento.[2]

En lugar de aceptar las cosas a su valor nominal, los intuitivos desean sondear más profundo y siempre preguntan: «¿Por qué es así?» Pueden volver loco a un reflexivo con sus preguntas, con su naturaleza especulativa y con sus respuestas generales, incluso a preguntas específicas. Para los demás es difícil seguir las instrucciones y direcciones de un intuitivo porque son vagas.

Los intuitivos tienden a ver el bosque en lugar de los árboles individualmente, por lo tanto, los detalles se les escapan. Por otra parte, aunque estén sentados mirando el bosque, es probable que no lo vean porque sus mentes están en alguna otra parte.

Los intuitivos y los reflexivos pueden estar mirando un programa de televisión y el reflexivo hará un comentario acerca de algo que acaban de ver. El intuitivo dirá: «¿Adónde estaba eso?»

Estaba allí, frente a ellos, pero algo que vio le disparó el pensamiento y su mente salió a la carrera y dejó el tema para imaginarse o especular acerca de algo completamente diferente. Esto es común y puede suceder cuando un reflexivo y un intuitivo hablan el uno con el otro. Es por esto que un reflexivo puede pensar que su cónyuge intuitivo no está escuchando.

Las diferencias en el uso del dinero

¡Y además están las finanzas! ¿Un intuitivo hace un balance de su chequera? Qué tarea. Es mucho más apasionante especular cómo gastar el próximo cheque. El dinero crea oportunidades, y vaya uno a saber qué puertas le puede abrir. Ve el valor del dinero en términos de sus posibilidades. Se sienten atraídos hacia las oportunidades de inversión porque ven la posibilidad de ganar mucho dinero, pero pasan por alto el factor de riesgo.

La manera en que se imagina cuánto dinero tiene es enigmática. Son muy adeptos a redondear, ya sea hacia arriba o hacia abajo. Algunos redondean hacia abajo la cuenta de su chequera para cualquier suma por debajo de los $0,50 y redondean hacia arriba cualquier suma que supere los $0,51. Tienen un enfoque fascinante del dinero que puede intrigar a un reflexivo como también puede hacerlo sentirse amenazado.

Diferentes expectativas

Los intuitivos tienden a ver las relaciones de manera optimista, a veces hasta de manera irreal. Las indicaciones sutiles de que una relación está progresando son importantes, señales tales como dar regalos y tarjetas y recordar fechas especiales. El cambio y la variación en la relación es muy importante. Los intuitivos creen que los papeles y las expectativas de una relación son negociables y están abiertos al cambio.[3] Si usted es un intuitivo, ¿respondió a las citas de la misma manera? Probablemente no.

Es interesante destacar las diferencias entre los reflexivos y los intuitivos cuando se trata de citas. Tal vez, recuerde esta secuencia.

Para un reflexivo, una cita comienza cuando están juntos. No sucede lo mismo con un intuitivo. Una cita puede comenzar cuando se hacen los primeros arreglos. Piensan en la cita y fantasean considerando todas las posibilidades a partir de ese momento en adelante. Una vez que la cita ha terminado, no se concentran en esa experiencia; ya están pensando en la próxima. En realidad, lo que sucede en la imaginación de un intuitivo es mejor que la realidad. Durante la segunda cita, el intuitivo puede describir la primera de manera tal que el reflexivo se pregunta si estuvieron en la misma cita. La imaginación de un intuitivo puede distorsionar un poco la realidad.[4]

¿Qué piensa?

1. ¿Cuál de las características previas se ajustan a usted y cuáles a su cónyuge?
2. ¿Puede describir una época en la que tuvieron dificultad para comunicarse debido a la manera de ser de cada uno?

Diferentes maneras de dar instrucciones

Un reflexivo y un introvertido difieren grandemente en la manera en que dan las instrucciones. Apliquemos las diferencias mostrando cómo cada tipo daría las instrucciones para seguir una receta. Aquí tenemos los ingredientes (tal como se encuentran impresos en un libro de cocina) para hacer una sopa de zapallo:

¼ kg. de champiñones en rodajas	1 taza de leche en polvo
1 zapallo cocido y tamizado	1 cda. de mantequilla
3 tazas de caldo de verduras o de pollo	1 cda. de miel
1 cda. de curry en polvo	½ taza de cebolla picada
1 pizca de nuez moscada sal y pimienta	1 cda. de harina

Aquí están las instrucciones escritas según las especificaciones de un reflexivo:

Saque los utensilios necesarios, incluyendo una olla grande, un cuchillo, un calibrador (por favor, busque esta palabra en un diccionario si no sabe lo que es), un termómetro, una plomada de carpintero, cucharas, tazas medidoras.

Asegúrese de controlar los ingredientes. Consulte un libro de cocina o llame a un amigo para saber cuánto es una pizca de nuez moscada y cuánta sal y pimienta se le debe poner a una olla de sopa de zapallo.

Pique los champiñones y las cebollas (el calibrador servirá de ayuda en esto: se recomienda un grosor de 2 mm). Saltee los hongos y las cebollas en mantequilla. Luego, añada una cucharada de harina. ¿Por qué? Esto hace que la salsa se espese un poco antes de añadir los líquidos, y así obtiene una sopa más espesa. Sabrá que los hongos están cocidos cuando trate de cortar uno con un cuchillo de mesa y encuentre resistencia. Sabrá que las cebollas están listas cuando pueda traspasarlas fácilmente con un cuchillo de mesa.

Añada la harina. Añada el caldo. (Asegúrese de que la taza medidora esté sobre una superficie nivelada cuando mida. Utilice una plomada de carpintero para estar seguro.) Añada todo lo demás excepto la leche. Añada la leche y caliente sin hervir. (Use un termómetro y no permita que la temperatura ascienda por encima de los 90° centígrados.) Sírvalo en una sopera o en recipientes individuales agradables a la vista y decore con perejil fresco picado».

Aquí tenemos cómo un intuitivo puede dar las instrucciones (los mismos ingredientes):

Existen muchas posibilidades de ser creativo en esta sopa. Una buena y rica sopa de zapallo ofrece el potencial para cocinar otra cosa simultáneamente. Abra el refrigerador. Ahora deje vagar su imaginación. Castañas de agua, aceitunas, un poquito de mostaza, algunos pedazos de pollo. Lo que sea. Si la va a llamar sopa de zapallo, sería bueno tener algo de zapallo, pero el puré de zanahorias, de calabaza o incluso de batatas puede servir. Si así lo desea, comience salteando cualquier ingrediente que necesite este proceso. De esta manera, tendrá que utilizar solo una olla. Añada el resto de los ingredientes y pruebe hasta que le parezca que está bien.

Mientras hierve la sopa (si le ha puesto leche, es mejor que no hierva) tal vez quiera hacer unos panecillos para acompañarla. Si tiene deseos de limpiar ya que de todas maneras tiene que estar en la cocina, tal vez quiera limpiar el congelador. Pero el sartén de freír está sucio. No hay problema, ya que como de todos modos tiene que estar en la cocina, puede lavar los platos.

Y mientras lava los platos y piensa en la deliciosa sopa que tiene en el fuego, puede hacer planes para una gran fiesta de sopas o para el restaurante que va a abrir. Sirva la sopa en cualquier cosa que esté limpia o envíe a alguien a comprar recipientes desechables.

Ahora bien, ¿ve cómo las diferencias entre los dos tipos se ponen de manifiesto en la vida diaria? Alrededor del 70% de nuestra población son reflexivos y el 30%, intuitivos.

Acepte las diferencias

Recuerde que un reflexivo preferirá que el intuitivo responda más como un reflexivo, y el intuitivo preferirá que el reflexivo responda más como un intuitivo. No espere a que la otra persona dé el primer paso. Sea ejemplo. Aprenda a honrar y respectar el carácter exclusivo de su cónyuge. Agradezca a Dios por las diferencias de su esposo o esposa. Para hacerlo deberá hacer dos cosas: aprender a ser flexible (y a lograrlo en algún grado), pero también tendrá que permitir que la otra persona simplemente sea como es, teniendo en cuenta que está contribuyendo con algo que usted no tiene. Con respecto a esto último, aquí tenemos algunas cosas para considerar.

Si usted es un reflexivo y su cónyuge es un intuitivo, este lo desafiará con posibilidades que usted jamás hubiera considerado. Esté dispuesto a considerarlas en lugar de responder inmediatamente de manera negativa. Acepte el hecho de que lo que el intuitivo hace o dice probablemente le elevará el nivel de ansiedad debido al factor de riesgo implícito.

Algunas veces los intuitivos no se darán cuenta de algo que ha hecho por ellos, algún servicio, una ropa nueva o un cambio en los muebles. Hágale saber que darse cuenta y decir algo es importante para usted. Y si usted es el intuitivo haga un esfuerzo por mejorar. Tal vez, hasta necesite escribirse una nota recordatoria.

Si es un reflexivo, *no* es responsable por la ansiedad o el descontento del intuitivo. No la ha causado y no puede arreglarlo.

Diferencias en expresiones verbales

Un intuitivo puede sentirse frustrado cuando un reflexivo no se muestra locamente entusiasmado acerca de alguno de sus sueños o ideas; pero el reflexivo puede entusiasmarse si el intuitivo le presenta las ideas de una manera simple y objetiva y le sugiere que lo piense. Recuerde que su cónyuge reflexivo se ocupará de los detalles que usted tiende a pasar por alto. Exprésele su gratitud por esto.[5]

El intuitivo debe recordar que lo que le diga al reflexivo, este lo tomará a su valor nominal. En otras palabras, lo tomará literalmente. Cuando converse, haga un control de realismo. No suponga que lo que ha dicho fue lo que el reflexivo escuchó. Este no distinguirá entre los hechos (lo que ha dicho) y lo que realmente quiere dar a entender.

Los reflexivos tienden a usar oraciones completas cuando hablan, y las finalizan con un punto y aparte. Es definitivo, enfático. Los intuitivos tienden a prolongar oraciones que omiten información suponiendo que la otra persona sabe. Terminan la oración con un guión. Son tentativos. Cuando estos dos tipos de personas se hablan, escuchan de acuerdo con sus rasgos específicos y suponen que la otra persona está hablando de la misma manera en que ellos lo hacen.

Un esposo reflexivo le pregunta a su esposa intuitiva si le gustaría ir a las montañas a pasar el fin de semana. Ella le dice: «No... creo que no...». Él supone que al «no» ella le puso un punto y aparte. ¡No es así! Eran puntos suspensivos. Entonces cuando llega el viernes, ella le pregunta a su esposo: «¿A qué hora salimos para las montañas este fin de semana?»

Él se muestra sorprendido y dice: «¿De qué estás hablando? ¡Dijiste que no querías ir!»

Ella contesta: «Sé que lo dije, pero debieras saber que no era lo que quería decir. Necesitaba ordenar algunas cosas primero y ya lo hice».

El doctor David Stoop y Jan Stoop describen la mente intuitiva como si tuviera dos partes. La persona intuitiva es consciente de ambas partes pero no puede activar una de ellas. Es como un gran témpano flotante: el 10% por ciento está por encima del agua y es lo que se puede ver; el 90% está debajo del agua. La parte que el intuitivo no puede articular no saldrá a la superficie durante un par de días o hasta que alguien le ayude a articularla. Los Stoop escriben:

> Es importante saber que nunca descubrirá lo que quieren decir los puntos suspensivos de la persona intuitiva haciéndole una pregunta. Si eso es lo que hace, sencillamente

obtendrá una repetición de la información que ya se le ha dado. En cambio, la persona reflexiva debe parafrasearle al intuitivo lo que él o ella han escuchado y luego, deben permitirle a la persona intuitiva que añada a lo que se ha dicho. Y este parafraseo se debe repetir hasta que la persona intuitiva diga: «Sí, eso es lo que he tratado de decirte».

Cuando una persona intuitiva escribe el primer borrador de una nota o de un memo y luego mira lo que escribió, por lo regular añadirá más información entre líneas o a un costado del papel señalando con flechas donde se inserta el pensamiento. Actúan así porque al escribir pueden ver la parte del témpano que todavía se encuentra debajo del agua.[6]

Lamentablemente, tanto los reflexivos como los intuitivos, por lo general, suponen que sus compañeros pueden leerles la mente. A menos que estas suposiciones se dejen de lado a favor de la clarificación, aparecerán grandes conflictos en el horizonte. Luego de una discusión puede servir de ayuda preguntar: «Bien, ¿dijiste eso con puntos suspensivos o con un punto y aparte?»

Cuando un reflexivo habla, a menudo identifica el tema y se mueve dentro de él de manera objetiva y secuencial, aunque desde el punto de vista de un intuitivo parezca un poco carente de imaginación. Pero el intuitivo puede comenzar a hablar sin identificar el tema, dice tres o cuatro oraciones de material general y luego da un par de vueltas alrededor de lo mismo porque tiende a ser tangencial en su manera de pensar. Finalmente, llega al tema. ¿Se puede imaginar lo que el reflexivo hace durante todo ese tiempo?

Si escucha a dos intuitivos conversando, algunas veces ninguno de los dos termina una oración, pero ambos saben de qué está hablando el otro. ¡Es asombroso!

Si usted es un reflexivo, puede alimentar la imaginación de un intuitivo señalando una posibilidad o haciendo preguntas. Le garantizo que él o ella escucharán mejor. Un reflexivo puede aprender a añadir más posibilidades y detalles de lo que un intuitivo desea. El primer paso es mantener la calma. Por ejemplo, cuando un intuitivo comienza a contar algo pero aún no ha identificado el tema, en lugar de sentirse frustrado, trate de relajarse y comprenda que primero va a recibir la información accesoria. Cuando finalmente se identifique el tema, tendrá el cuadro completo. Aunque la entrega no se haga en la forma en que a usted le gusta, está bien. Escuchar el estilo de comunicación de un intuitivo lo ayudará a volverse más flexible.

Por otra parte, el intuitivo puede esforzarse por identificar el tema por adelantado permitiendo que su compañero o compañera conozcan el tema. Si usted es un intuitivo que le habla a un reflexivo, comience con los detalles, y luego construya el gran cuadro. No dé vueltas; trate de ser lo más específico y objetivo posible.

Yo soy reflexivo y mi esposa Joyce es intuitiva. (Ambos tenemos acceso al lado no preferido; después de 40 años de matrimonio, uno aprende algo.) De vez en cuando, Joyce viene hacia mí, me mira a los ojos y me dice. «Muy bien. Aquí está lo esencial, Norm», y me da un resumen objetivo de dos líneas. Y ambos nos reímos. En muchas ocasiones, ella comienza sin identificar el tema, me da tres o cuatro oraciones de material accesorio y luego identifica el tópico. He aprendido a esperar, porque obtengo la misma información solo que en un orden diferente. El tema está al final. Es muy similar a la estructura de las oraciones en alemán.

Los reflexivos y los intuitivos en la oración y la adoración

¿Alguna vez ha pensado en las diferencias que existen entre un reflexivo y un intuitivo en la manera en que responden en la dimensión espiritual de la vida?

Cuando los reflexivos oran, prefieren hacer pedidos específicos. Prefieren una lista de oración. A los intuitivos les parece que una lista de oración los confina. Cuando oran, comienzan con un tema, que sugiere otro tema y así siguen. Por lo general, su vida de oración es muy rica y elaborada.

Cuando se trata de adorar, los reflexivos tienden a ser más prácticos. No tiene que ser elaborada ni extravagante, sino simple y conducida de la manera apropiada. Los intuitivos desean que su experiencia de adoración les hable al lado derecho del cerebro, no simplemente que le dé instrucciones al hemisferio izquierdo. La enseñanza está bien, pero la inspiración es mejor.

¿De qué manera los reflexivos responden en una reunión en la cual el predicador es un fuerte ministro intuitivo? ¿De qué manera responde un intuitivo a la predicación de un fuerte ministro intuitivo? ¿Cómo responden los reflexivos en una reunión a la predicación de un fuerte ministro reflexivo? ¿Y de qué manera responde a lo mismo un intuitivo?

En un estudio bíblico, las diferencias entre los reflexivos y los intuitivos son evidentes. El enfoque de un reflexivo es «léelo, créelo y hazlo». A un reflexivo no le gusta la idea de que puedan existir secretos en las Escrituras y que tengamos que imaginarnos lo que Dios realmente quiso decir detrás de lo que está escrito. Por otra parte, un intuitivo puede querer encontrar simbolismos y significados secretos donde no los hay.

En una clase, el reflexivo hace preguntas precisas y desea que las respuestas sean precisas. Los intuitivos desean ver las posibilidades de aplicar la Palabra de Dios en muchas áreas y de muchas maneras.

Si usted y su cónyuge tienen las mismas preferencias, cada uno de ustedes puede querer preocuparse por acceder a las preferencias de sus opuestos para traer más variedad a su relación y también para aprender cómo comunicarse mejor con los otros en sus vidas.

¿Cuál es su plan?

1. Repase el capítulo y anote cada característica que lo describa. (Es probable que encuentre características en ambas descripciones.)
2. Haga una lista de cómo responderá de manera diferente a como lo hace en la actualidad y de cómo le gustaría que su cónyuge respondiera de manera diferente.
3. ¿Cuál ha sido la característica de su cónyuge más difícil de comprender?

Notas

1. Otto Kroeger y Janet M. Thuesen, *Type Talk* [Conversación típica] (Nueva York: Bantam Books, 1988), págs 17, 18, adaptado.
2. Dr. David Stoop y Jan Stoop, *The Intimacy Factor* [El factor intimidad] (Nashville, Tenn.: Thomas Nelson Publishers, 1993), págs. 72, 73, adaptado.
3. Sandra Hirsh y Jean Kummerow, *Life Types* [Tipos de vida] (Nueva York: Warner Books, 1989), págs. 30, 31, adaptado.
4. Kroeger y Thuesen, *Type Talk*, pág. 127, adaptado.
5. David L. Luecke, *Prescription for Marriage* [Receta para el matrimonio] (Columbia, Md.: The Relationship Institute, 1989), págs. 58-60, adaptado.
6. Stoop y Stoop, *The Intimacy Factor*, págs. 80, 81.

DIFERENTES MANERAS
DE TOMAR DECISIONES

¿Tiene problemas para tomar decisiones? ¿Se pregunta por qué y cómo su cónyuge toma decisiones de manera diferente a la suya? Existen razones que explican las diferencias que afectan la manera en que cada uno de ustedes se comunica.

Algunas personas son las que piensan (pensadores) y toman decisiones rápidamente, mientras que otras son las sentimentales, a las que parece que les lleva toda la vida tomar una decisión. El estilo de comunicación del pensador tiende a transmitirse de manera cortante, clara, definida y decisiva, mientras que el sentimental tiende a ser cauteloso, amable, investigador y orientado hacia las opciones.

Este tercer conjunto de preferencias del MBTI —el pensador (T) o el sentimental (F)— muestra cómo usted y su compañero o compañera individualmente prefieren tomar decisiones. Estas diferencias serán muy evidentes en el proceso de comunicación. Para que una relación tenga éxito, necesitará armonizar sus diferencias y desarrollar su propio estilo para tomar decisiones como pareja.

El doctor David y Jan Stoop describen estas dos clases de personalidad:

La gente que piensa puede tomar distancia para mirar la situación. Toman una decisión desde un punto de vista objetivo, interpretando la situación desde afuera. Creen que si reúnen los datos suficientes pueden llegar a la verdad. Siempre están buscando esta verdad, que creen que existe como un absoluto. Estas personas ven las cosas como blanco o negro: absolutos. Si la respuesta parece rayar en la zona gris, piensan que no han reunido los datos suficientes. Si pueden mirar un poco más allá, descubrirán la verdad.

Por otro lado, las personas sentimentales siempre toman decisiones desde un punto de vista personal, poniéndose en la situación. Son subjetivos y creen que dos verdades pueden coexistir.

La diferencia entre un pensador y un sentimental se puede ver en la manera en que los dos toman decisiones, como comprar un automóvil. Los pensadores consiguen los informes para el consumidor y hacen una investigación de los diferentes tipos de automóviles. Puede preguntarse: *¿Cuál es el mejor valor financiero? ¿Cuál es el más seguro?* Decidirán cuál criterio es el más importante y luego tomarán una decisión basada en ese criterio. Cuando van al negocio de automóviles sabrán exactamente lo que quieren y ni siquiera ese vendedor persuasivo los puede convencer de comprar otro automóvil.

La gente que se guía por los sentimientos comienza a mirar todos los automóviles que hay en la calle. *¿Qué automóvil me gustaría manejar en este mismo momento?*, se preguntan. *¿Qué color se ve bien? ¿Qué marca? ¿Qué estilo?* Cuando llegan al negocio de automóviles, pueden pensar: *Quiero un Honda coupé azul* . Pero luego de mirar a su alrededor durante un rato, se enamoran de un Honda Accord color verde metálico. Y ese es el automóvil que compran, aunque cueste más dinero.

Las preguntas importantes que debe hacerse son: ¿Cómo tomo una decisión? ¿Escucho más a mi cabeza cuando tomo buenas decisiones o escucho más a mi corazón?»[1]

Entonces, ¿qué me dice? ¿Escucha más a su cabeza o a su corazón cuando toma decisiones? ¿Qué me dice de su cónyuge?

Usar la cabeza, usar el corazón

La preferencia en cuanto al pensamiento o a los sentimientos es el rasgo que refleja cómo *maneja* usted sus emociones, aunque el rasgo realmente tiene muy poco que ver con sus emociones en sí. Los que piensan, por lo general, se sienten incómodos cuando hablan acerca de sus sentimientos. También pueden sentirse incómodos en las áreas de la estética y de las relaciones. Otros pueden verlos como lejanos y fríos, aunque en realidad sean muy sensibles.

Los individuos sentimentales se encuentran cómodos con sus emociones. No solo están conscientes de sus propios sentimientos, sino que pueden sentir también lo que los demás experimentan. Cuando se trata de tomar una decisión, no están preocupados por cómo los afecta a ellos sino también por cómo afecta a los demás.

Para mostrarle la diferencia, si un pensador estuviera en un jurado, su preocupación sería la justicia y la equidad. Se fijaría en los hechos, encontraría la verdad y luego tomaría una decisión. Un sentimental en un jurado se preocuparía por la misericordia. Los hechos están bien, pero ¿cuáles eran las circunstancias? ¿Por qué la persona hizo lo que hizo? Le gustaría otorgar el beneficio de la duda.[2] (¿A quién le gustaría tener en su jurado?)

¿Tiene idea de dónde está parado en este sentido? ¿Y su cónyuge? ¿Se sienten cómodos con los rasgos del otro? ¿De qué manera sus rasgos producen un impacto en la comunicación entre ambos?

El pensador

Si usted es un pensador (T), es el que permanece en calma y sereno cuando todos los demás están alterados. Mantiene el tino. Es el epítome de la equidad cuando toma una decisión; pero no le preocupa mucho qué será lo que hace feliz a los otros. Es más firme que tierno. Quiere asegurarse de que los demás sepan dónde está parado, les guste o no. Dirá lo que cree en lugar de dejar que los demás piensen que están en lo correcto.

En realidad, no le preocupa si le cae bien a la gente o no. Lo importante es tener la razón. Es insensible a las críticas. Puede soportarlas.[3] ¿Y qué me dice de discutir? Seguro, algunas veces por mera diversión. Para usted es importante ser objetivo aun cuando los otros interpreten mal sus motivaciones. Y si también es un extrovertido, ¿cómo afectará esto sus discusiones? (Recuerde, un extrovertido cree que una frase más aclarará las cosas.)

Si es un pensador, disfruta tomando decisiones difíciles y no puede entender por qué a los otros les cuesta tanto hacer lo mismo. Todo lo que sea lógico o científico lo impresiona; lo atrae.

En sus relaciones interpersonales puede tener dificultad para recordar nombres. En una relación, necesita razones lógicas que justifiquen la existencia de ella. Mira a su compañero o compañera no solo de manera realista sino también crítica. Tiende a corregir y trata de redefinir a su cónyuge. Puede expresar esto tanto de manera verbal como no verbal.

Esta clase de personas son reservadas en la manera en que muestran el amor, y algunas veces esa expresión es bastante impersonal. No quieren perder el control.

Tienen un filtro incorporado para eliminar las partes emocionales de la comunicación. A ellos les resulta incómodo compartir sus emociones. Los detalles simples pero delicados en una relación no están presentes.[4]

El sentimental

Si usted es una persona sentimental tiene una antena interna que capta cómo se sienten los demás. Y algunas veces les permite que le dicten la manera en que debe responder. Tiende a excederse para satisfacer las necesidades de los demás, aunque algunas veces le cueste.

Cuando trata de tomar una decisión, siempre se pregunta: *¿Cómo afectará a los demás?* Algunas veces termina con una sensación de tensión: le gusta ayudar a los demás pero siente que siempre está dando mientras los demás toman. Puede sentir que los otros sacan ventaja de usted y que sus propias necesidades no se satisfacen.

Si es un sentimental, es una persona querida. ¿Por qué? Porque siempre actúa de pacificador. Su lema es: «Llevémonos bien». Algunas veces, los demás se preguntan si usted es de goma, ya que tiende a cambiar lo que ha dicho si piensa que ha ofendido a alguien.

Es muy consciente de las razones personales que tiene para desarrollar una relación. Ve lo mejor de su cónyuge y no escatima expresiones de amor. Demuestra su cariño de una manera muy personal: a través de las palabras, de tarjetas, de acciones y demás. Constantemente está escudriñando los mensajes de la otra persona para ver si existe algún significado emocional en sus palabras. Aprecia cualquier ofrecimiento de respuesta emocional a menos que sea negativa. No desea que nada socave su relación.

¿Qué piensa?

1. Enumere cualquiera de las características del pensador que se adaptan a su personalidad.
2. Enumere cualquiera de las características del sentimental que encuadren en su personalidad.

> EL ELEMENTO
> QUE UNE A UN
> MATRIMONIO ES
> LA INTIMIDAD.

3 Si usted y su cónyuge son opuestos, ¿de qué manera ha afectado esto el matrimonio

Esta inclinación de los pensadores y los sentimentales es la única en la que existe una diferencia entre géneros. Sesenta por ciento de los hombres son pensadores y 40% sentimentales. Sesenta por ciento de las mujeres son sentimentales y 40% pensadoras.

Un escritor describe la diferencia entre los que piensan y los que sienten mediante un suceso que presenció una vez. Se encontraba en una conferencia. Durante un descanso, el bebé de una de las participantes quedó encerrado, no se sabe cómo, dentro de un armario.

Los pensadores en el grupo respondieron al problema en función a lo que era necesario hacer, sin tener en cuenta las necesidades emocionales de la desesperada madre del bebé. Su actitud frente a la situación fue: «Tenemos un problema: un bebé atrapado en un armario. Encontremos una manera de liberarlo».

Los sentimentales respondieron a la necesidad emocional de la madre y trataron de inspirarle confianza. Hicieron lo que mejor sabían hacer: responder a una persona herida. Parecían estar tan preocupados por la madre que aparentemente se habían olvidado de que alguien tenía que tratar de sacar al bebé del armario.[5]

No es poco común que los pensadores intimiden a los sentimentales, porque ellos pueden dar razones que justifiquen sus decisiones. Los sentimentales saben que lo que creen es lo correcto pero por lo general dicen: «Sencillamente sé que es lo correcto, pero no te puedo dar una razón». Algunos pensadores hacen tanto énfasis en las razones, que no consideran algo nuevo a menos que la otra persona pueda darles tres razones.

Una de las relaciones más típicas que se desarrollan es entre un hombre pensador y una mujer sentimental. Esta conexión es la que tiene más potencial para crear división y traer problemas a largo plazo. Los pensadores necesitan pensar y analizar sus emociones. Traen al matrimonio un control y una reserva emocional que puede limitar la intimidad. Quieren *entender* la intimidad, no *experimentarla*, mientras que un sentimental desea compartir abiertamente y *experimentar* la intimidad.

Si una pareja no aprende a conectarse emocionalmente, corre el riesgo de involucrarse en una relación ilícita o en una ruptura matrimonial. El elemento que une a un matrimonio es la intimidad. Los sentimentales están hambrientos de calidez, de compartir y de cercanía, y sin esta dimensión pueden terminar sintiéndose muy solos. Les gusta la fortaleza y la seguridad interior de un pensador pero no el vacío que se puede percibir.

Puede sonar a injusticia, pero un pensador tendrá que esforzarse más por adaptarse que un sentimental. Es esencial aprender a utilizar un vocabulario de intimidad y a describir las emociones. La exclusividad de un pensador se necesita indiscutiblemente, pero puede crear una relación estéril. Los pensadores y los sentimentales se sienten atraídos por las diferencias de cada uno, pero al mismo tiempo estas diferencias se repelen un poco. Un pensador puede desear intimidad pero el temor que le tiene puede ser más fuerte que el deseo.[6]

Los sentimentales tienen que esforzarse por ser menos subjetivos y sentirse menos responsables por el estado emocional de todo el mundo. Necesitan tomar las cosas de manera menos personal y aprender a ser firmes y a enfrentar los desacuerdos. Deben dejar de decir tan a menudo «lo siento» y «fue mi culpa».

¿Qué piensa?

1. ¿Qué puede hacer para acceder a su lado no preferido? ¿Cómo podría esto enriquecer su vida?

> EL PENSADOR SE OCUPA DE LAS COSAS Y EL SENTIMENTAL SE OCUPA DE LA GENTE. EL PENSADOR SE OCUPA DE LA ORGANIZACIÓN Y EL SENTIMENTAL PROPORCIONA CALIDEZ Y ARMONÍA. EL PENSADOR TRAE CONTROL EMOCIONAL A UNA RELACIÓN; EL SENTIMENTAL PROPORCIONA ENERGÍA EMOCIONAL.

2. Si uno de ustedes es pensador y el otro sentimental, ¿de qué manera pueden mejorar su comunicación?

Trabaje en la compatibilidad

¿Un pensador y una sentimental pueden ser compatibles en el matrimonio? Sí, pero requerirá un trabajo constante. Cada cónyuge debe evitar juzgar al otro por su forma de ser y debe darse cuenta de que ninguno de los dos llegará jamás a ser exactamente igual al otro; es probable que se sienta derrotado y que ponga demasiada tensión sobre su relación tratando de hacer que su cónyuge se parezca a usted. Seguramente, un pensador desea que el sentimental sea más analítico y eficiente y que llegue al punto clave con más rapidez. El sentimental desea que el pensador muestre más transparencia, más expresiones emocionales y conciencia social. Ambos pueden aprender a acomodar estos deseos y llegar hasta cierto punto. Esto es aprender a ser compatibles.

Ambas partes deben recordar que al comienzo se sintieron atraídas por la forma de ser del otro. Vea la exclusividad de su cónyuge como un regalo que aporta algo más a sus características. El hecho es que cada uno de ustedes está incompleto sin el otro. Son un regalo el uno para el otro.

El pensador se ocupa de las cosas y el sentimental se ocupa de la gente.

El pensador se ocupa de la organización y el sentimental proporciona calidez y armonía.

El pensador trae control emocional a una relación, en tanto que el sentimental proporciona energía emocional.

El pensador da una estructura, el sentimental alimenta las emociones.

Si usted es un pensador, ensánchese para entrar en la vida social que le provee su cónyuge sentimental. Observe y escuche cómo interactúa. Cuando le hable a un sentimental, sea más expresivo, versátil y use más palabras que expresen sentimientos. De esta manera tendrá más amigos. Acepte la forma de compartir que tiene su cónyuge sentimental. Elógiela por sus sentimientos y dígale que necesita aprender lo que ella tiene para ofrecer.

Sea realista y acepte el hecho de que probablemente no podrá satisfacer todas las necesidades relacionales de su compañera. Anímela a mantener largas conversaciones telefónicas y a mantener relación con gente de su mismo sexo. No la obligue a cortar la relación con sus amistades.

Si usted es un sentimental, recuerde las cualidades de su cónyuge pensador y fíjese cómo usa sus características. Necesitará de sus capacidades para resolver problemas. Añadirá energía, organización y dirección a su espontaneidad.

Aquí tenemos algunas guías tanto para los pensadores como para los sentimentales para que sigan cuando conversan. Si usted es un sentimental, esta es la manera de comunicarse con su cónyuge pensador:

Explíquese clara, lógica y concisamente. Por lo general, los pensadores quieren saber el porqué. Dele las razones antes de que se las pida.

Defina sus términos. Para un sentimental, la frase «te amo» no necesita ninguna explicación. Habla por sí misma.

Para un pensador, la misma sencilla frase puede significar diversas cosas.

Escuche lo que el pensador tiene que decir antes de intentar interpretar cómo lo ha dicho.

Si usted es un pensador, aquí tiene lo que puede hacer cuando habla con su cónyuge sentimental:

Proporciónele muchas afirmaciones verbales. La mayoría de los sentimentales funcionan mejor basados en el elogio y el aliento.

No subestime el valor de las conversaciones triviales. Para la mayoría de los sentimentales no existe tal cosa como una conversación trivial. Cuando le cuentan cómo fue su día, no están descargando simplemente una lista de datos; están dando una parte de sí mismos.

No escuche cuán lógicas son las razones de un sentimental cuando conversan, escuche lo que siente. Hágale preguntas que saquen lo que tiene adentro.

Los sentimentales deben recordar que los pensadores sencillamente no pueden satisfacer todas sus necesidades sociales o de relación. No interprete su fría reserva como un rechazo personal sino como un rasgo de su personalidad. Lo que a usted lo puede haber herido, probablemente no tenía la intención de hacerlo. Es probable que tenga que guiar a un pensador, de una manera positiva, a expresarle las cosas en una manera diferente. Pero de eso se tratan todas la relaciones: de crecimiento.[7]

Recuerden que los dos son una mezcla de pensador y sentimental. Un rasgo es dominante en cada uno, por lo tanto, ambos deben nutrir (uso una palabra sentimental porque soy un sentimental) su aspecto menos dominante.

De paso, cuando ora por su cónyuge, ¿le da gracias a Dios por el hecho de que sea un pensador o una sentimental? Y hablando de oración, cuando un pensador ora, probablemente se concentre en los atributos de Dios. Para ellos, el estudio de la Biblia es un momento para estudiar las verdades éticas y doctrinales de su fe. Un sentimental, pasa más tiempo con su amigo celestial. Para él o ella, conocer *acerca* de Dios está bien, pero conocer a Dios *personalmente* es mucho mejor. En los estudios bíblicos, los sentimentales desean ser conmovidos emocionalmente.

¿Qué piensa?

1. Describa cómo se demuestra su preferencia en la expresión de su fe, en su vida de oración y en su estilo de adoración.

¿Cuál es su enfoque de la vida?

Existe un último par de diferencias en el *Myers-Briggs Type Indicator* (MBTI): el analítico y el perceptivo. Consideremos este par de diferencias a través de una perspectiva que tipifica a cada punto de vista:

El analítico

Usted ha salido a cenar a un restaurante y hay una pareja sentada a su lado. El mozo viene a recoger el pedido y la esposa dice: «A mí tráigame una tira de costilla no muy cocida, papas al horno con solo mantequilla y la ensalada con el aderezo al lado». El mozo pregunta: «¿Qué clase de aderezo? Tenemos aderezo francés, de queso, de mostaza con miel, italiano y *ranch*». Ella responde: «*Ranch*».

El mozo mira al hombre, y este le hace varias preguntas. Desea saber cuáles son las diferencias entre los diversos cortes de carne y cuál es el más popular. (De paso, le digo que esta pareja come en este lugar regularmente.) Mira a su alrededor para ver qué están comiendo las personas de las otras mesas. Después de todo esto, parece haber obtenido suficiente información para elegir una comida. Ordena pescado. Luego pregunta qué aderezos para ensalada tienen (a pesar de que el mozo acaba de mencionarlos cuando la esposa ordenó). Justo cuando el mozo comienza a alejarse, el hombre cambia de idea y ordena un bistec.

¿Alguna vez se ha topado con una pareja como esta? Tal vez, los describa a usted y a su cónyuge.

La última categoría del MBTI —analítico o perceptivo— mide cómo le gusta vivir la vida. ¿Le gusta la estructura y la organización o su enfoque de la vida es libre, espontáneo y adaptable? La gente que prefiere las estructuras se llaman analíticos, mientras que los que prefieren las formas elásticas se llaman perceptivos.

Esta diferencia determina en gran manera qué es lo que comparte cuando comienza a hablar, y es de vital importancia para el proceso de comunicación. Considerémoslo en los pasos que debe dar para compatibilizar con su cónyuge.

Si usted es un analítico, vive demasiado pendiente del tiempo y de los programas. Pareciera que tiene un reloj interno. Parece que pasa una buena parte de su vida esperando a los que no tienen una clara comprensión del tiempo. Esto puede ser una gran fuente de irritación, especialmente si es un reflexivo-analítico.

También le gustan las listas. Quizá sea una de esas personas que tienen una agenda diaria y que la usan. Tachar los puntos que ha escrito le produce gran satisfacción. Todo su día está previsto desde el momento en que se levanta hasta que se acuesta. Si algo interfiere con su agenda, cuidado.

En la escuela, probablemente terminaba los proyectos que le asignaban de antemano. Le gusta el orden, desde la manera en que arregla las cosas en el ropero hasta las prendas calificadas por color que cuelgan a un centímetro de distancia una de otra.

Su lema es: «Primero se completa el trabajo; luego se juega». Si tiene que hacer una tarea, no se apartará de ella hasta que esté hecha, aun cuando esperar le proporcione mejores recursos para hacer mejor el trabajo.

El analítico ve las interrupciones y las sorpresas como cosas totalmente innecesarias. La gente que lo rodea pronto aprende que la mejor manera de decirle que introduzca un cambio en su rutina es decírselo, dejar que durante diez minutos haga un escándalo y lo saque de su sistema y entonces volver a discutir el asunto.

Para ser espontáneo, ¡un analítico tiene que planificar por adelantado!: «De aquí a una semana seré espontáneo desde las 1:00 hasta las 5:00 P.M.»

Cuando habla, economiza palabras. Expresa decisiones pero no siempre proporciona los datos suficientes como para respaldar esas decisiones. (¿Qué sucedería si fuera analítico, reflexivo y pensador?) Es importante comenzar a ver la agrupación de estos rasgos y qué significa. Al final de este capítulo hay bibliografía si desea aprender más acerca de cómo interpretarlos.

El analítico piensa en el dinero como algo que le proporciona seguridad. Es una de las maneras de medir su éxito y progreso. ¿Qué es lo mejor que se puede hacer con el dinero? Ahorrarlo. Esto significa invertirlo con sabiduría, hacer presupuestos, tener cuidado al gastarlo, dándole prioridad a los estudios de su hijo y a su jubilación. ¿De qué manera puede afectar este rasgo la comunicación en su matrimonio?

¿Cómo se relacionan los analíticos en la relación matrimonial? Es probable que deseen establecer verdaderos momentos específicos para trabajar sobre la relación. Tienden a dejar a un lado la parte divertida de una relación hasta que no haya más trabajo en el camino. Saben que una de las mejores maneras de construir el matrimonio es trabajar juntos. Se sienten cómodos haciendo las cosas de manera tradicional o de acuerdo con un libro.

El perceptivo

¿A quién le parece que se siente atraído un analítico? Tiene razón, a un perceptivo. ¡Pero estamos hablando de opuestos! Al perceptivo le encanta la aventura: lo desconocido está allí para ser explorado, aunque sea encontrar caminos alternativos para llegar a casa cada día. Si es un perceptivo, la planificación no es para usted. Lo limita demasiado. Prefiere esperar y ver cómo se desarrollan las cosas.

Los que lo ven como una persona desorganizada, sencillamente no lo entienden. La prolijidad le atrae muy poco. Claro que le gustaría ser organizado, pero eso no es tan importante como ser creativo, espontáneo y receptivo. Para un analítico, una pila de papeles no es otra cosa que un desorden para arreglar. Pero para un perceptivo, esa pila de papeles es como abono. Si la deja allí la cantidad de tiempo suficiente, algo bueno puede suceder. ¿Puede ver cómo estas características intrigan y a la vez frustran a un analítico?

El tiempo. ¿Qué es el tiempo para un perceptivo? Aunque tenga un reloj, no lo mira, ni desea que lo limite. Espera hasta el último momento para hacer las cosas y a pesar de que generalmente las hace, molesta a otros en el proceso. En la escuela, quizá se pase toda una noche en vela para terminar un trabajo o prepararse para un examen.

Al ser perceptivo, su campo de atención es muy flexible. Esta es otra manera de decir que se distrae con facilidad. Las cosas tienen que ser divertidas. Si alguien le dice que un proyecto de trabajo será divertido, responde de manera positiva. Así como las posibilidades son tan importantes para el intuitivo, la diversión es vital para el perceptivo.

Le resulta difícil reflexionar acerca de las cosas. Si lo hace, esto puede limitarlo para hacer algo mejor que pueda surgir. Los otros lo pueden ver como una persona no comprometida, dubitativa y que no tiene la capacidad de reflexionar.

Puede llegar a casa con ropa que compró en un negocio pero al día siguiente va y la devuelve porque encontró algo mejor en otro negocio. Actuar de una manera definida no es su fuerte. No desea reglamentar nada decidiendo de una manera o de otra.

El lema para la conversación de un perceptivo es: «Alcanzaré a verlo», o: «Está por aquí, en alguna parte». (La palabra «excursión» nos viene a la mente.) Un perceptivo puede saltar de un tema al otro y el tema puede ser algo que acaba de ver por la ventana o que recientemente vio en un programa de televisión.

Es ágil y flexible en su estilo de conversación. No necesita resolver sus discusiones, aunque tal vez, dé vueltas alrededor del asunto tres o cuatro veces. Cuando llega a una conclusión, puede verla de diferentes maneras. Es como si le pagaran por palabra. Pero algunas veces es tan vago que resulta difícil seguir su línea de pensamiento. Si además es un extrovertido, todos lo escucharán cambiar sus pensamientos en el medio de una oración y hasta llegará a interrumpirse a sí mismo. ¡Y si es un intuitivo...! ¡Piense en todas las posibilidades! ¡Qué divertido!

Para los demás es una experiencia asombrosa escucharlo hablar con otro perceptivo porque la conversación puede dirigirse hacia cualquier parte y en todas las direcciones a la misma vez. Es probable que uno no termine la frase antes de seguir con otra cosa, pero el otro lo seguirá. (Un analítico no podría seguirlos.) Si la persona es un intuitivo-perceptivo, ¿cómo será su estilo de comunicación?

Luego, tenemos la forma en que el perceptivo ve las finanzas: el dinero es un medio para ayudar a obtener lo mejor de la vida. La mejor manera de usarlo es ¡*gastarlo*! Pregúntele qué hacer con el dinero y escuchará respuestas tales como: «Diviértete»; «Disfrútalo mientras lo tengas»; «Si ves a alguien que tiene necesidad, dale un poco»; «Haz un viaje sin pensarlo dos veces»; «Lleva a algunos amigos a un crucero».[8]

Los perceptivos experimentan cierta tensión cuando consideran el compromiso. Dudan más porque no desean cortar opciones. Algunas veces tienen altibajos en sus relaciones. Cuando se comprometen, aún queda abierta la puerta para la revaluación.

Mientras que un analítico desea seguridad, el perceptivo desea libertad. Esta tendencia también se ve con respecto a las actividades en el calendario social. Venga lo que venga, el analítico quiere mantener la cita; pero el perceptivo dirá: «Tal vez vaya, pero puede surgir algo que me interese más».

Si hay que hacer ajustes en la relación, los perceptivos típicamente desean esperar y tratar el asunto cuando surja. Buscarán maneras de combinar el trabajo con el juego. Prefieren ser creativos, seguir la corriente y ver qué pasa.[9]

¿Qué piensa?

1. ¿Conoce a alguien que encaje en la descripción de un analítico y en la de un perceptivo?
2. ¿Qué conflictos pueden surgir entre una pareja de un analítico con una perceptiva?
3. ¿Qué conflictos pueden experimentar dos analíticos si se casan? ¿Qué conflictos pueden experimentar dos perceptivos?

Los analíticos y los perceptivos en el matrimonio

¿Cómo hará para desarrollar la compatibilidad si es un analítico que se ha casado con una perceptiva? Aquí tenemos lo que el doctor David Stoop y Jan Stoop nos dicen:

Los analíticos y los perceptivos complementan sus estilos. La gente analítica algunas veces se siente cansada de vivir en su mundo estructurado y organizado y les encantaría liberarse de él. Cuando miran la ética juguetona de la persona perceptiva, anhelan tener ese enfoque divertido de la vida. Durante las primeras etapas de una relación, muchas veces actuarán como la persona perceptiva, dejando de hacer lo que están haciendo y divirtiéndose un poco.

Por otra parte, la gente perceptiva se frustra al tener que estar siempre organizando y nunca estar organizados. Algunas veces anhelan alguna clase de estructura en sus vidas o desean tener a alguien que sea decidido y que sepa dónde poner las cosas. En las primeras etapas de la relación hasta pueden llegar a sentir una ráfaga de habilidad organizativa que trae algo de estructura a sus vidas.

La gente analítica desea algo de libertad de la estructura, pero no tanta. Si las cosas se vuelven demasiado flexibles, comienza a sentir que su vida se está haciendo hilachas y que está perdiendo el control, así que rápidamente vuelve a su fuerza y ata los cabos sueltos.

Los perceptivos pueden buscar en su compañero o compañera la ayuda que necesitan para organizarse, pero comenzarán a sentirse sobrecargados con las aparentemente interminables estructuras y comenzarán a aligerar un poco las cosas.

Un marido analítico, que más tarde admite que lo que lo atrajo a su esposa perceptiva fue su espíritu juguetón, quiso ayudarla a organizarse. Un fin de semana, mientras ella visitaba a su familia que vivía lejos de allí, él decidió facilitarle la organización de la cocina. Vació todos los armarios y la despensa, y limpió todo meticulosamente. Luego puso un nuevo papel blanco en los estantes. Al poner todo de vuelta en los armarios, tomó un marcador negro y dibujó la forma de cada artículo sobre el papel de los estantes. En el interior de un círculo escribió «mantequilla de maní»; en un rectángulo, «cereal». Estaba ansioso por ver la respuesta agradecida de ella. Después de todo, la estaba ayudando a organizarse.

Ni remotamente se imaginó la intensidad de la reacción de su esposa. ¡Quedó lívida! Lo tomó como el insulto supremo. Para ella, ya que él decía que su estilo de personalidad era inadecuado, le estaba indicando que necesitaba ayuda. No pasó mucho tiempo antes de que pusiera la mantequilla de maní donde él había escrito «cereal» y los platos sobre la palabra «vasos».

Este esposo había perdido de vista el aprecio por la personalidad de su esposa. Al sentirse presionado, pudo identificar cuánto disfrutaba de su espontaneidad, de su habilidad para manejar un gran número de cosas al mismo tiempo y de su espíritu amante de la diversión.

Tal vez piense que los únicos perfeccionistas son los analíticos. La verdad es que ambos tipos luchan con el perfeccionismo. Los organizadores perceptivos piensan que son grandes organizadores, pero si uno les pregunta si pueden mantener sus archivos organizados, tienen que decir que no. Siempre están apurados por hacer alguna otra cosa, lo cual no les permite mantener sus cosas organizadas. Los analíticos practican el perfeccionismo y los perceptivos también.[10]

Muchas veces se escucha a un analítico que le dice a un perceptivo: «El problema con ustedes es que responden a una pregunta con otra pregunta». El perceptivo responde: «¿Y... qué tiene de malo?»

Si usted es un analítico o un perceptivo que trata de conectarse con su opuesto, considere los puntos fuertes que cada uno de ustedes trae a la relación. El perceptivo es el que amplía la información y las opciones antes de tomar decisiones. Algunas de estas opciones pueden ser mejores que las que ha considerado su cónyuge analítico. Por otra parte, el analítico se asegurará de que se llegue a conclusiones y que se sigan las decisiones.

Cada uno de ustedes necesitará tomarse más tiempo para escuchar lo que la otra persona tiene que decir. No piense inmediatamente que el otro está equivocado ni trate de convencerlo de que usted tiene razón. No ponga «etiquetas». (Los perceptivos tienden a llamar a los analíticos estrechos de mente, dogmáticos y testarudos; los analíticos, por su parte, se sienten tentados a etiquetar a los perceptivos como excéntricos, carentes de personalidad y de fundamento.)

Los analíticos pueden alentar a los perceptivos a tomarse más tiempo, a considerar opciones y a cambiar de opinión. Sirve de ayuda si un analítico utiliza la palabra «diversión» al tratar de sugerirle algo a un perceptivo. Los analíticos también pueden esforzarse por ser menos decisivos y enfáticos cuando hacen declaraciones. Pueden ceder ante la otra persona y, en lugar de dar siempre consejos o conclusiones, hacer preguntas.

Los analíticos les pueden dar a sus compañeros perceptivos más responsabilidad en la planificación y toma de decisiones. Necesitan tiempo para explorar. No arrincone a un perceptivo con respuestas y soluciones predeterminadas. Los analíticos deben ampliar su capacidad para tolerar la indecisión, las preguntas sin respuesta y las cosas que se escapan del control.

Si usted es un analítico, recuerde que existe más de una respuesta correcta. No tome la aparente falta de compromiso y de apoyo de un perceptivo como algo personal. Ellos tienen un horario y una intensidad diferentes. Recuerde que su lema es: «ya llegará el momento», y aun eso lo dirán de manera tentativa.

De vez en cuando, los dos, tanto los analíticos como los perceptivos, debieran hacer a propósito las cosas como las haría el otro. Los ayudará a ser flexibles y podrán sorprenderse al ver que lo pueden hacer.[11]

Más maneras de hablar el lenguaje del otro

Agradézcanse mutuamente por ser como son. Uno necesita lo que el otro tiene para ofrecer, aunque puedan sentirse amenazados por las diferencias.

Si usted es un perceptivo, por sobre todas las cosas, haga todo el esfuerzo posible para estar a tiempo cuando le ha dicho a su cónyuge analítico una hora específica. Vivimos en una sociedad que valora la puntualidad. Si es necesario, escríbase notas recordatorias y póngalas donde pueda verlas fácilmente y con frecuencia.

Algunas veces los perceptivos piensan que pueden completar «solo estas cuatro tareas» antes de salir, lo cual contribuye a que lleguen tarde. La manera de vencer esto es considerar las cuatro cosas que piensa que puede hacer y luego hacer solo una o dos. De esta manera, se sentirá bien por haber completado al menos un par de cosas y por poder llegar a tiempo. Tal vez necesite comenzar a verse a sí mismo como una persona que *llega* a tiempo.

Como perceptivo, sea más definido cuando le cuenta a su cónyuge cómo se siente con respecto a él o a ella. Hágale saber que no está desafiando sus decisiones, que necesita tiempo para explorar las propias. Tenga en mente que lo que dice su cónyuge analítico puede no ser definitivo aunque diga que lo es. Pregúntele a su cónyuge qué importancia tiene su decisión en una escala del 0 al 10; si el valor es inferior a 6, siga adelante.

Si tiende a irse del tema de conversación y su cónyuge analítico lo trae de vuelta al asunto en cuestión, agradézcale por hacerlo. Quizá usted lo necesite.[12]

Recuerde que la necesidad de su cónyuge analítico de seguridad y estructura es parte de su personalidad, no es una venganza para controlarlo.

Algunas parejas creen que tienen una relación ideal porque ambos tienen las mismas preferencias en el *Myers-Briggs Type Indicator* (MBTI). Tal vez sí... pero tal vez no. La combinación de sus preferencias, sin duda, afecta su matrimonio, pero tanto las preferencias que usted tiene como las que no tiene han ayudado a determinar la calidad de su relación.

Puede tener una ventaja complementaria cuando tiene las mismas preferencias que su cónyuge, pero se perderá la ventaja de las preferencias que le faltan. Por ejemplo, si a los dos les falta cierta preferencia, probablemente van a evitar las actividades o experiencias que disfruta alguien con esa preferencia. Para disfrutar todo el espectro de las preferencias de cada personalidad tendrá que hacer un esfuerzo para acceder a su lado no preferido y aprender a usarlo. Necesitará leer todo lo que pueda acerca de la preferencia que le falta para aprender a compensar lo que no tiene.

Recuerde: No debe ni puede cambiar el tipo de personalidad de su cónyuge. Debe aprender a ajustarse a ella. No existe una personalidad que sea mala. Es el don de Dios para cada persona. Sin embargo, el puente entre las personalidades de los miembros de una pareja necesita reacomodarse un poco para tener un mejor flujo de tránsito.

Por qué no hacer unas tarjetas con las siguientes declaraciones y leerlas varias veces al día para reforzar la manera en que Dios lo ve a usted y a su cónyuge (véase 1 Corintios 6:19, 20; 1 Pedro 1:18,19; Apocalipsis 5:9).

1. Mi personalidad es el don de Dios para mí.

2. Estoy hecho a la imagen de Dios.

3. Dios me ama mucho.

4. Jesús consideró que valía la pena derramar su sangre por mí y por mi cónyuge.

¿Cuál es su plan?

1. Repase el capítulo y anote cada característica que lo describa. (Puede encontrar algunas características que lo describen y que pertenecen a las dos categorías).
2. Haga una lista con las maneras en que puede responder de manera diferente y cómo le gustaría que respondiera su cónyuge de manera diferente.
3. ¿Cuál ha sido la característica de su cónyuge que más le ha costado entender?
4. Escriba lo que usted y su cónyuge han aprendido hasta este punto acerca de los estilos de comunicación.
5. ¿Hasta qué punto ahora habla el estilo de lenguaje de su cónyuge?

0	5	10
¿Estás bromeando?	Promedio	¡Sí! ¡Lo logramos!

Aquí tiene un par de recursos que lo ayudarán a aprender más acerca de los tipos de personalidad:

Type Talk de Otto Kroeger y Janet M. Thuesen
Why Can't I Be Me? [¿Por qué no puedo ser yo mismo?]
de Mark A. Pearson

Notas

1. Dr. David Stoop y Jan Stoop, *The Intimacy Factor* (Nashville, Tenn.: Thomas Nelson Publishers, 1993), págs. 88, 89.
2. Stoop y Stoop, *The Intimacy Factor*, págs. 90, 91, adaptado.
3. Otto Kroeger y Janet M. Thuesen, *Type Talk* (Nueva York: Bantam Books, 1988), págs. 18, 19, adaptado.
4. David L. Luecke, *Prescription for Marriage* (Columbia, Md.: The Relationship Institute, 1989), págs. 44, 45, adaptado.
5. Mark A. Pearson, *Why Can't I Be Me?* (Grand Rapids, Mich.: Chosen Books, 1992), pág. 42, adaptado.
6. Luecke, *Prescription for Marriage*, págs. 64, 65, adaptado.
7. Ibíd., págs. 64-69, adaptado.
8. Kroeger y Thuesen, *Type Talk*, págs. 21, 22, adaptado.
9. Ibíd., págs. 21, 22; Otto Droeger, *16 Ways to Love Your Lover* [Maneras de amar a su amante] (Nueva York: Delacorte Press, 1994), págs. 86, 87, adaptado.
10. Stoop y Stoop, *The Intimacy Factor*, págs. 112-115, adaptado.
11. Luecke, *Prescription for Marriage*, págs. 71, 72, adaptado.
12. Kroeger, *16 Ways to Love Your Lover*, pág. 97, adaptado.

LAS RAÍCES DEL ENOJO

La discusión comenzó de una manera de lo más inocente. Estaban sentados a la mesa de la cocina un sábado por la mañana, bebiendo una taza de café y anticipando este día libre. Nada de proyectos, ni de obligaciones, ni de presiones para hacer cambios. A ratos se reían y hablaban acerca de sus planes para las vacaciones el mes siguiente. La atmósfera era diáfana y placentera.

Una hora más tarde, las voces habían subido de tono. La ira centellaba en sus ojos. Las palabras que decían, salían de sus bocas como si pudieran arrojárselas el uno al otro.

¿Qué sucedió? ¿A qué se debió el cambio en esta atmósfera pacífica? La discusión acerca de las vacaciones había hecho surgir algunas diferencias de opinión; un problema menor que fácilmente se hubiera podido tratar pero, en cambio, encendió una chispa de enojo en uno de los esposos y enseguida se encendió en el otro. El día estaba arruinado, el café tenía un sabor horrible, y hoy no se tomaría ninguna decisión con respecto a las vacaciones.

El enojo es una emoción desconcertante. A pesar de ser una emoción que Dios nos ha dado, la mayoría de las veces, cuando la gente se enoja, los resultados son negativos: el enojo es la segunda causa principal de los accidentes automovilísticos en nuestro país; algunas veces es la causa del fracaso de matrimonios cuando uno o ambos cónyuges no saben usarlo de manera constructiva. Cuando el enojo penetra en una discusión o conflicto, es difícil llegar a una resolución aceptable.

¿Qué es el enojo?

Si le preguntara qué significa el enojo para usted, ¿qué me diría? ¿Tiene una definición para enojo? Sabe lo que se siente, pero, ¿puede definirlo?

En pocas palabras, el enojo es un fuerte sentimiento de desagrado e irritación; pero pronto puede comenzar a descender la cuesta arrastrando otras respuestas emocionales tales como la ira o la furia. La furia es un enojo ardiente que busca venganza. La ira es una respuesta intensa, descontrolada y explosiva.

Cuando el enojo se convierte en un conflicto y queda sin resolver, la ira y el resentimiento pueden comenzar a surgir.

La ira lleva a una persona a destruir, a buscar revancha. Declara abiertamente la guerra. El resentimiento da lugar a la amargura y por lo general crea una respuesta pasivo-agresiva. Es un sentimiento de indignación o un persistente rencor en contra de un insulto, una herida o la sensación de haber sido tratado injustamente. Cuando uno se resiente contra alguien, crea un filtro a través del cual ve a esa persona. Se convierte en alguien que siempre encuentra fallas; ahora, una de las principales respuestas hacia su cónyuge es echarle la culpa. Muchas veces los sentimientos de resentimiento terminan resultando en tácticas de guerrilla: atacar y salir corriendo cuando es menos probable que su cónyuge sospeche de un ataque.

¿Esta descripción de la ira y del resentimiento revela algo acerca de su eficacia o de su falta de eficacia para resolver conflictos y construir la armonía en el matrimonio? Como lo dice Richard Waters: «La ira dinamita los puentes que la gente necesita para llegar la una a la otra, y el resentimiento hace que la gente corra a esconderse detrás de barreras y a herirse mutuamente de manera indirecta».[1]

Hasta las diversas maneras en que la gente intenta tratar con el enojo, indica el peligro que este representa. Algunas personas fingen no estar enojadas y lo esconden; pero lo que esconden está vivo y a su tiempo los irá destruyendo mediante colitis ulcerosas, depresión y hasta ataques cardíacos. El enojo que se esconde, permanece vivo en la mente.

Algunas personas le dan rienda suelta dejándolo salir completamente. Han oído que esto es saludable; pero esta información equivocada aleja a su cónyuge, a su empleador y a sus amigos y pronto no queda nadie alrededor sobre el cual dar rienda suelta al enojo. La mayoría de las personas se sienten peor luego de dar rienda suelta a su ira; inmediatamente se sienten más irritables, deprimidos, agraviados, hostiles, nerviosos e infelices. Otros vuelven la ira contra sí mismos y comienzan a destruir su autoestima, su identidad y sus capacidades.

El enojo se convierte en un problema cuando toma la forma de dos extremos: la excesiva reacción o la falta de ella. Cuando no reaccionamos, reprimimos o suprimimos nuestro enojo, generalmente sin darnos cuenta de que lo estamos haciendo. Cuando decidimos bloquearlo, no estamos siendo honestos con nosotros mismos ni con los que nos rodean.

Cuando reaccionamos en exceso, nuestro enojo queda fuera de control. Sale con ira y furia, las cuales pueden conducir a la violencia. He visto los magullones azulados o las muecas de dolor cuando alguien toca la parte lastimada del cuerpo de una persona. Los magullones de la piel con el tiempo vuelven a su color normal, pero la coloración interior dura mucho más.

La verdad acerca del enojo

Exploremos algunas verdades acerca del enojo. Tenga paciencia, porque lo que voy a decir puede sonarle contrario a lo que ha creído acerca de esta emoción.

El enojo no es el problema principal ni la emoción principal; es un síntoma.

Expresarle su enojo a su cónyuge no disminuye su ira sino que por lo general la aumenta.

Debe aprender cómo usar su enojo. Esto quiere decir que puede aprender una nueva respuesta y mantener la ira bajo control.

Su cónyuge no es el responsable de su enojo, ¡usted lo es!

¿Cómo se siente luego de leer estas declaraciones? ¿Enojado? ¿Confundido? ¿Molesto? ¿Asombrado? Consideremos lo que acaba de leer. Recuerde: Lo que haga con la información que contiene este capítulo puede tener un efecto drástico sobre la armonía y la satisfacción que experimente en su matrimonio.

Las causas de las raíces de enojo

El enojo es lo que llamamos una emoción secundaria. Es un sistema de mensajes que le avisan que algo más está sucediendo dentro de usted. El enojo es producido por el temor, el dolor o la frustración. Eso es: temor, dolor o frustración.

Temor
Puede tener temor de que su cónyuge lo subyugue, lo controle, le grite, sea irracional, no le dé lo que usted desea, lo ataque verbalmente, se retraiga, no le preste atención y demás. Para protegerse contra el temor, su ataque es el enojo.

Cada vez que comience a experimentar enojo, pregúntese a sí mismo: *¿Tengo miedo de algo en este momento? ¿Qué es lo que siento?* Puede descubrir la causa en el momento. Trate de decirle a su cónyuge: «Siento un poco de temor en este momento. ¿Podemos hablar al respecto? Preferiría hacer eso en lugar de enojarme».

Dolor

El dolor viene por muchas causas: una palabra áspera, cocinar una comida especial y que no se den cuenta, pintar la casa y no recibir ningún comentario de aprecio, recibir un golpe, descubrir que lo engañan con otra persona y demás. Para liberar nuestro dolor nos enojamos. Queremos que la otra persona pague. Queremos un empate; pero herir a la gente no nos hace empatar. Cuando nos han herido, no siempre deseamos admitir hasta qué punto nos han herido, entonces lo cubrimos con enojo.

Cuando se enoje, pregúntese: *¿Me siento herido? ¿De dónde proviene este dolor?* En lugar de enojarse, trate de decirle a su cónyuge: «En este preciso momento me siento muy herido. Deseaba que lo supieras para hablar acerca de esto y no dejar que se convierta en enojo».

Frustración

La frustración se encuentra en la raíz de muchos de nuestros enojos. La palabra «frustración» proviene del Latín *frustra*, que significa «en vano». Nos sentimos frustrados cuando confrontamos un problema pero no podemos encontrar una solución. La frustración es la experiencia de caminar por callejones sin salida y no llegar a ninguna parte.

Un mito corriente dice que la frustración siempre nos tiene que molestar. ¡No es así! Si su cónyuge habla o actúa de una manera que a usted le molesta, puede sentirse frustrado, pero puede controlar su respuesta tanto interior como exteriormente. Muchos de los comportamientos y las reacciones de su cónyuge no serán lo que usted desea. De vez en cuando, todos tendemos a magnificar lo que la otra persona ha hecho y literalmente creamos una montaña de una madriguera.

> CONCÉDALE A SU CÓNYUGE EL PERMISO PARA HABLAR EN LA FORMA EN QUE LO HACE, PARA HACER LAS COSAS DE MANERA DIFERENTE A LA SUYA, PARA LLEGAR TARDE, PARA ESTAR EN SILENCIO. LE GARANTIZO QUE SU FRUSTRACIÓN VA A DISMINUIR.

Hay cientos de pequeños actos molestos que pueden activar el botón de la frustración, pero estas molestias forman parte de la vida de casados. Aceptarlas y darles permiso para que estén allí puede aliviar parte de la tensión. Concédale a su cónyuge el permiso para hablar en la forma en que lo hace, para hacer las cosas de manera diferente a la suya, para llegar tarde, para estar en silencio. Le garantizo que su frustración va a disminuir. ¿Por qué? Porque ha tomado el control de usted mismo. Con frecuencia nos sentimos frustrados cuando nos sentimos fuera de control.

Resista la tentación de actuar de manera agresiva cuando se siente frustrado. Es una tendencia normal, pero es como tocarle bocina a un tren que se ha detenido justo frente a su automóvil porque lo está retrasando para llegar a destino. ¡Es en vano!

Recuerde, no es su compañero o compañera el que lo hace enojar. Es su respuestas interior hacia la persona que genera el enojo. Usted y solo usted es responsable por sus emociones y reacciones.

Cómo practicar una respuesta mejor al enojo

Permítame hablar en broma por un minuto para sugerirle cómo puede hacer para enojarse contra su cónyuge. Es muy fácil; haga lo siguiente. Suponga que está discutiendo con su cónyuge y lo enfrenta con la actitud de que quiere algo y debe tenerlo. Las palabras clave son «quiere» y «debe». El siguiente paso para no obtener lo que desea es decir: «Es terrible. Es horrible no obtener lo que quiero. ¿Por qué no lo ves a mi modo?» Luego dice: «No debieras frustrarme de esta manera. Debo lograrlo como yo lo quiero. ¡Cómo te atreves! ¡Pagarás por esto!» Entonces comienza el juego de los reproches. Cuando pensamos en que debemos lograrlo como nosotros lo queremos, la frustración comienza a aumentar.

Estela me contó una experiencia que tuvo justo dos días antes de entrevistarse conmigo. Me describió cómo había pasado seis horas limpiando la casa de un rincón a otro y de arriba abajo. Trabajó literalmente como esclava en cada habitación, dejándolas sin una mota de polvo. Esperaba que su esposo le demostrara de alguna manera su aprecio por lo que había hecho. Lamentablemente, llegó a casa cansado, hambriento y deseoso de ver el partido de fútbol de los lunes por la noche. No dijo ni una palabra de elogio y ni siquiera pareció darse cuenta de lo que ella había hecho. Más bien, en media hora había deshecho gran parte del trabajo de su esposa en la sala desparramando su ropa y alimentos encima de los muebles. Comenzamos a hablar acerca de los pensamientos que la llevaron al encontronazo y a la sarta de improperios que duró desde las 9:00 hasta las 11:30 aquella noche. A continuación veamos sus conclusiones:

«¡Tendría que haberse dado cuenta de todo el trabajo que hice!»

«Tendría que haberme agradecido por lo que hice.»

«No debiera haber sido tan insensible y desconsiderado.»

«¡Es un canalla! No tiene modales ni sensibilidad.»

«¡Mírenlo! ¡Ensucia todo lo que yo limpié!»

«Probablemente, esta noche quiera tener relaciones sexuales. Que se quede esperando. ¡Pagará por esto y dormirá solo!»

Luego hablamos de cada frase y de cómo la había hecho sentir. Pronto comenzó a ver que sus declaraciones habían creado sentimientos de dolor, de frustración de rechazo y de enojo. El resto de la sesión estuvimos desarrollando algunas respuestas realistas a lo que había sucedido. Mientras ambos aportábamos ideas acerca de cómo manejar una desilusión, Estela comenzó a hacer una lista. Aquí tenemos algunas de las respuestas que hubiera podido usar:

> «Me hubiera gustado que se diera cuenta de todo lo que había trabajado.»
>
> «Me pregunto por qué es tan importante que Juan repare en mi trabajo y me lo agradezca. ¿Lo hago por él, por mí o por...?»
>
> «Tal vez pueda encontrar una manera creativa para contarle lo que hice hoy. Hubiera podido traer la cámara de fotos y pedirle que tomara una fotografía de una casa fantásticamente limpia y del ama de casa que había creado esta maravilla.»

Luego formulamos un resumen que le ayudó a poner las cosas en perspectiva. Era algo así: «Quiero que Juan se dé cuenta de lo limpia que está la casa luego de haber pasado seis horas trabajando como burra; pero si no se da cuenta, no hay problema. Mi felicidad y sentido de satisfacción no dependen de su respuesta. No limpié la casa solo para obtener una respuesta de él. La limpié porque hacía falta. Me siento bien por el esfuerzo que hice y por su resultado. Su reconocimiento hubiera sido simplemente un beneficio añadido».

¿Hay algo en su propia vida que se hubiera visto beneficiado con una respuesta como esta? Tal vez, acaba de experimentar una frustración reciente. Recuerde lo que se dijo a sí mismo y luego formule nuevas oraciones que hubieran bajado el nivel de su frustración. ¡Funciona!

Una respuesta bíblica para el enojo

¿Sabe lo que en realidad hace este proceso? Lo ayuda a poner en práctica un poco de sabiduría que puede cambiar sus relaciones con los demás. La Biblia nos da varias instrucciones y pensamientos acerca de esta emoción llamada enojo.

Quítense de vosotros toda amargura, enojo, ira [pasión, furia, mal carácter], gritería [peleas, animosidades] y maledicencia [palabras ofensivas, abusivas o blasfemas], y toda malicia [rencor, inquina, vileza de cualquier clase]» (Efesios 4:31) [*Enfasis del autor*].

En este versículo, Pablo se refiere al enojo como una emoción turbulenta que hierve dentro de nosotros.

El cristiano también debe dejar de lado el enojo que es permanente y habitual, la clase de enojo que busca venganza:

Pero ahora dejad también vosotros todas estas cosas: ira, enojo, malicia, blasfemia, palabras deshonestas de vuestra boca (Colosenses 3:8).

La Escritura nos enseña a no provocar a otros al enojo:

Como rugido de cachorro de león es el terror del rey; el que lo enfurece peca contra sí mismo (Proverbios 20:2).

Las Biblia nos indica que debemos ser «lentos para la ira» (es decir, que debemos controlar nuestro enojo) y que debemos tener cuidado de relacionarnos estrechamente con otros que están constantemente enojados o que son hostiles.

El hombre iracundo promueve contiendas; mas el que tarda en airarse apacigua la rencilla (Proverbios 15:18).

Mejor es el que tarda en airarse que el fuerte; y el que se enseñorea de su espíritu, que el que toma una ciudad (Proverbios 16:32).

No te entremetas con el iracundo, ni te acompañes con el hombre de enojos, no sea que aprendas sus maneras, y tomes lazo para tu alma (Proverbios 22:24, 25).

La Escritura también habla del enojo justificado. Encontramos un ejemplo en la vida del Señor Jesús:

Entonces, mirándolos alrededor con enojo, entristecido por la dureza de sus corazones, dijo al hombre: Extiende tu mano. Y él la extendió, y la mano le fue restaurada sana (Marcos 3:5).

En Efesios 4:26, el apóstol Pablo habla de dos clases de enojos y de cómo tratar con cada uno de ellos:

Airaos, pero no pequéis; no se ponga el sol sobre vuestro enojo.

Al decir «airaos, pero no pequéis», Pablo describe la clase de enojo que es una actitud estable y permanente en contra del pecado y de las cosas pecaminosas. Uno se da cuenta de que está enojado y puede controlar su enojo. En este versículo, en realidad, Dios nos está enseñando a enojarnos por los motivos correctos. El enojo es una emoción creada por Dios; Él nos creó como seres emocionales. La frase «no pequéis» es una advertencia para no ir demasiado lejos. La clase de enojo que tiene justificación porque está en contra del pecado y de las cosas pecaminosas y totalmente bajo nuestro control es la clase de enojo que Dios aprueba.

En la frase «no se ponga el sol sobre vuestro enojo», Pablo habla de otro significado del enojo. Aquí une al enojo con la irritación, la exasperación y la amargura. Como nos dice Efesios 4:31 y Colosenses 3:8, se supone que debemos dejar esta clase de enojo de lado. Si nos enojamos en este sentido negativo, deberíamos tratar con él rápidamente, antes de que se ponga el sol. La Escritura nos aconseja no llevarnos nunca la irritación o la amargura a la cama. Si lo hacemos, seguro perderemos el sueño (y ni que hablar de la paz, los amigos y hasta la salud).

¿Qué piensa?

1. Utilizando las descripciones bíblicas del enojo, describa la clase de enojo que por lo regular experimenta. ¿Cómo lo expresa?
2. Describa la clase de enojo que su cónyuge a menudo parece experimentar. ¿De qué manera lo expresa normalmente?
3. ¿Qué puede hacer una persona para volverse «lento para la ira»?
4. Describa cómo una persona se puede enojar sin pecar.

Como podemos ver en los versículos que hemos leído, no toda clase de enojo está mal. Anote algunos de los versículos —especialmente los del libro de Proverbios— en unas tarjetas de 6 x 12 cm y téngalas con usted. Léalas en voz alta durante varias veces al día durante un mes. Para entonces, sabrá los versículos de memoria. Así, el Espíritu Santo tendrá la oportunidad de traerlos a la conciencia cuando los necesite, y sus respuestas frente al enojo estarán de acuerdo con la Palabra de Dios.

Cuando comience a experimentar enojo, pregúntese: *¿Qué es lo que me produce frustración? ¿Qué estoy haciendo para frustrarme? ¿Tengo algunas expectativas, necesidades o deseos que no se satisfacen? ¿Mi cónyuge sabe cuáles son? ¿Estas necesidades, deseos o expectativas son* *necesarios?* Si se toma el tiempo para responder a estas preguntas, verá que será un paso determinante en su vida.

El juego de culpar

Culpar es el punto central de su enojo. Usted le echa la culpa a su cónyuge cuando encuentra defectos en su persona o en lo que ha hecho. Echar la culpa es acusar, señalar con el dedo, encontrar defectos, criticar, reprochar, reprender, menospreciar, echar en cara.

¿Echando la culpa logrará lo que desea? ¿Lo llevará más cerca de su cónyuge? ¿Reflejará la presencia de Jesucristo en su vida y en su matrimonio? Cuando echamos la culpa tratamos de hacer que la otra persona tome conciencia de lo que ha hecho y en algunos casos que pague por ello. Pero si echamos la culpa, es probable que él o ella continúen con el mismo comportamiento pero con mayor intensidad. Algunas de las peores frases y descripciones son las que se le tiran a una persona durante el acaloramiento de la ira. Si su cónyuge es muy sensible, puede terminar creyendo sus palabras.

Culpamos a los demás con la esperanza de corregir lo que han hecho. ¡Qué lamentable! ¡Qué contraproducente! Al echar la culpa, activa el sistema de defensa de su cónyuge y lo empuja hacia un enojo mayor, haciendo que la persona desee pelear con usted. Si el proceso de justificación que utilizamos no da resultado, entonces pensamos que el enojo es la mejor alternativa que sigue. La culpa no ayuda a que se vaya el enojo, y lo distrae de descubrir una solución a su frustración.

La mejor alternativa para no culpar

El Nuevo Testamento tiene algo mucho mejor para ofrecer en cambio de echar la culpa. Se llama perdón, y da resultado. El perdón nos alivia de la tremenda presión de intentar hacer que otros paguen por lo que nos han hecho (incluyendo a los cónyuges). Cuando echamos la culpa nos sentimos mal; cuando perdonamos nos sentimos bien.

Expresar enojo de manera apropiada

Antes mencioné que expresar enojo no necesariamente lo hace desaparecer. Veamos cuáles son los mitos con respecto a quitar el enojo de nuestros sistemas.

En muchas peleas matrimoniales, encontramos el siguiente panorama: estalla el problema y se produce una explosión de ira y de ataques verbales, que pueden incluir gritos y alaridos, luego el cansancio extremo, una disculpa hosca y una relación tensa durante varios días. ¿Esto sirve de ayuda? ¿Resuelve el conflicto? No estoy sugiriendo que taponemos todo nuestro enojo o que lo reprimamos, pero la manera en que la mayoría de los individuos ventilan su ira no la hace desaparecer. Por lo regular, cuando le expresamos verbalmente nuestra ira a nuestro cónyuge, decimos cosas que son difíciles de olvidar. Estamos más preocupados por probar que el otro está equivocado, o queremos controlarlo y hasta incluso castigarlo.

Se realizó un estudio interesante con mujeres divorciadas para descubrir por qué algunas de ellas se encontraban cada vez más estancadas. Se entrevistó dos veces a doscientas cincuenta y tres mujeres: una vez durante el momento triste del divorcio y luego cuatro meses más tarde. Se utilizaron muchas preguntas para descubrir actitudes y reacciones: ¿Mostraba su enojo o se lo guardaba? ¿Se recuperaba de él con rapidez o lentamente?

Las mujeres que daban rienda suelta al enojo *no* se encontraban mejor que aquellas que se lo guardaban. Expresar la ira no hacía que la mujer automáticamente se sintiera mejor, y no mejoraba su autoestima. Aquellas que mostraban una mejora en su salud mental eran las que tenían una vida social activa luego del divorcio y que *no* machacaban sobre el tema. Las que no lo hicieron, también crecieron socialmente pero con la tendencia a hablar obsesivamente acerca del divorcio.[2]

No sugiero que nunca debiéramos hablar de nuestro enojo o que no debiéramos dejarlo salir, pero necesitamos escoger una manera de expresarlo que haga que el enojo desaparezca. Solo entonces nos vemos libres de su tiranía sobre nuestras vidas y matrimonios. El enojo puede ser positivo si nos ayuda a resolver su causa. Debemos comunicar nuestro enojo sin condenar. Expresarlo de una manera que reduzca la ira y nos acerque más a nuestro cónyuge. ¿Cómo lo hacemos?

Cómo guiar un conflicto

En primer lugar, consideremos qué puede hacer cuando su cónyuge está molesto o enojado con usted. Recuerde, solo por el hecho de que la otra persona esté enojada no significa que usted tenga que enojarse. Aquí tiene algunas sugerencias.

Acepte las respuestas emocionales de su cónyuge

En su propia mente, dele permiso a su cónyuge para que se enoje contra usted. No hay problema en que él o ella se enoje. No es el fin del mundo, y usted puede manejarlo sin convertirse en un espejo que refleje ese enojo. Dígase a sí mismo: *No hay problema que (nombre del cónyuge) esté enojado o enojada. Puedo manejarlo.*

Asegúrese de no alentar o recompensar a su cónyuge por enojarse con usted. Si la persona grita, vocifera, echa pestes y golpea el piso con los pies, y usted responde poniéndose molesto o accediendo a lo que él o ella desea de usted, ¿a que no sabe qué pasa? Lo único que hace es reforzar el comportamiento de su cónyuge. Si su cónyuge se enoja, pero es razonable, entonces responda exponiendo su punto de vista de una manera cuidadosa y lógica. También ayuda reflejar lo que ha escuchado que dijo su cónyuge. Hágale saber que comprende la razón por la que está enojado o molesto esta vez.

Pídale a su cónyuge que responda de una manera razonable. Sugiérale que vuelva a formular la preocupación original, que baje el tono de voz y que le hable como si fuera la primera vez que conversan.

Recuerde: si su cónyuge está enojado, usted no tiene por qué enojarse. Este sería un buen momento para volver atrás y leer las Escrituras mencionadas anteriormente. Si el enojo interfiere en la interacción entre usted y su cónyuge, hay maneras en las que puede cambiar este modelo.

Sea consciente de su propia respuesta

Identifique las cosas que le dan pie al enojo. Es importante determinar cómo y cuándo expresará enojo. ¿Qué es lo que lo trae a flote? ¿Qué es lo que hace para crear la ira y mantenerse en ese estado? (Concéntrese solo en su parte; no le eche ninguna culpa a su cónyuge.)

Una manera de lograrlo es llevar un diario de comportamiento. Cada vez que surja el enojo, cada cónyuge debe anotar lo siguiente:

1. Las circunstancias que rodean al enojo, tales como quién estaba allí, cuándo ocurrió, qué fue lo que lo desencadenó, etc.
2. Las maneras específicas en las que actuó y las cosas que dijo.
3. Las reacciones de la otra persona ante su comportamiento y las cosas que dijo.
4. Cómo se resolvió finalmente el conflicto (si es que se resolvió).

Interrumpa el modelo

Desarrolle un plan de acción para interrumpir el modelo del conflicto. Este plan debiera incluir una acción inmediata para

> EL PRINCIPIO IMPORTANTE PARA AYUDAR A RESOLVER CONFLICTOS Y CREAR ARMONÍA ES POSPONER. CUANDO COMIENZA A SENTIR QUE LA IRA ESTÁ ABRIENDO A PATADAS SUS PUERTAS EMOCIONALES, POSPONGA CUALQUIER RESPUESTA.

desprenderse del conflicto. También debiera ser una manera de enfrentar y manejar el problema en un futuro. Interrumpir el conflicto es una aplicación de Nehemías 5:6,7: «Y me enojé en gran manera cuando oí su clamor y estas palabras. Entonces lo medité, y reprendí a los nobles y a los oficiales».

El principio importante para ayudar a resolver conflictos y crear armonía es *posponer*. Cuando comienza a sentir que la ira está abriendo a patadas sus puertas emocionales, posponga cualquier respuesta. Tómese tiempo y cálmese utilizando los principios que se encuentran en este capítulo. Puede resultarle beneficioso escribir algunas de las respuestas que va a usar cuando se enoje. Practíquelas en voz alta para que pueda recordarlas cuando se enoja. Funciona.

En cualquier expresión de ira entre dos personas, usted es responsable por su propia ira, y la otra persona es responsable por la suya. Puede proyectar su ira sobre su cónyuge haciéndolo responsable por la manera en que usted se siente y actúa, pero eso exige que su cónyuge sea el que debe cambiar. Hacer responsable a la otra persona es una respuesta protectora que dice: «Soy tu víctima». Si se concentra en usted mismo y se hace responsable por cómo se siente, existe una probabilidad mayor de resolver un problema.

En lugar de decir: «Me hiciste enojar», dígale a su cónyuge: «Actuaste de esta manera y yo me enojé por la forma en que te comportaste».

A medida que su propia ira comienza a aumentar, utilice el recurso de interrupción consigo mismo. Anteriormente, identificamos las tres causas básicas del enojo como temor, dolor o frustración. El enojo es la respuesta secundaria a cualquiera de estas tres emociones.

Si el enojo es un problema para usted, tenga consigo una tarjeta con la palabra «¡Detente!» escrito con letras grandes de un lado. Del otro lado, escriba las tres preguntas siguientes:

¿En este momento estoy experimentando dolor?

¿Estoy asustado?

¿Estoy frustrado por algo?

En el momento que comience a experimentar que su enojo crece, saque la tarjeta, lea la palabra «¡Detente!» (en voz alta si corresponde) y luego dé vuelta la tarjeta. Lea y responda las tres preguntas. Desacelerar la respuesta de su enojo e identificar la causa lo ayudará a resolver el problema. Todavía puede asumir la responsabilidad de escoger una respuesta que ayude a calmar a la otra persona en lugar de echarle leña al fuego de la discusión.

Otro paso positivo es usar expresiones neutrales tales como «Me estoy enojando»; «Estoy perdiendo el control»; «Estamos comenzando a pelear» o «Voy a escribir mis sentimientos». Luego de escuchar alguna de estas frases, la otra persona puede decir: «Gracias por avisarme. ¿Qué puedo hacer ahora mismo para ayudarte?»

Ambos necesitan comprometerse a no levantar la voz, a no gritar y a no actuar como producto del enojo. Se llama suspender la ira. Pónganse de acuerdo en volver a tratar el asunto en un momento de menos conflicto. La mayoría de las parejas no están acostumbradas a tomarse el tiempo para admitir y escudriñar su enojo y luego manejarlo. El período de interrupción pudiera ser un momento oportuno para concentrarse en la causa de su enojo.

Planee una sesión para sacarse las cosas de adentro

Algunas parejas han encontrado beneficioso planear y estructurar sesiones para sacar afuera el enojo. ¿Qué razón puede existir para que alguien quiera planificar el ventilar su enojo? En realidad, una sesión planeada le permitirá a ambos individuos un mayor sentido de control. Si el tema es tan intenso y usted necesita expresar el enojo que siente, ¿por qué no hacerse cargo de él? Algunos individuos tienen dificultad tratando de sacar a la luz algunos problemas a menos que estén enojados. Si se ha planeado una sesión para ventilar el enojo, la pareja también puede ejercer más control sobre la manera en que se expresa el enojo.

En su libro *Love Is Never Enough* [El amor nunca es suficiente], Aaron Beck propone varias pautas para hacer que estas sesiones sean eficaces:

> Establezca un momento y un lugar específico donde los dos puedan hablar pero donde nadie los escuche.

> Establezca un tiempo límite para cada sesión, por ejemplo, 15 ó 20 minutos.

> No permita interrupciones, y para que una sola persona no sea la que controla la conversación, cada uno no podrá hablar más de dos minutos y luego tendrá que permitirle hablar al otro.

> Prevea, de antemano, algunos tiempos de descanso.

Evite incluir lo siguiente en cualquiera de los comentarios que le haga a su cónyuge: condenar a la otra persona; insultarla, mencionar aspectos vulnerables; recordar cualquier asunto del pasado a menos que tengan una relación directa con el tema que están tratando; afirmar que su cónyuge lo hizo enojar. (Es mucho mejor decir: «Me sentí enojado» que: «Me hiciste enojar».)[3]

El propósito de estas sesiones es mantenerse controlado, liberar y reducir el enojo y resolver los problemas. Cuando se mantiene controlado de esta manera, su cónyuge tiene la oportunidad de descubrir lo inadecuado de su respuesta y tal vez de seguir su ejemplo.

Evalúe su estado emocional

A algunas personas les gusta utilizar una tarjeta de reducción del estrés: un pequeño cuadrado que es sensible al calor y a la humedad. Se pone el pulgar sobre el cuadrado durante 10 segundos y su nivel de estrés hará que el cuadrado se vuelva negro, rojo, verde o azul, según el grado de tensión o ansiedad que tenga. Los colores verde y azul reflejan un estado en calma, con poco o nada de estrés.[4]

Existen zonas apropiadas en las cuales puede permanecer aun teniendo ira. Beck dice que las parejas generalmente salen de las zonas moderadas del enojo (la verde o la azul) y pasan a la zona roja de la ira. Moderado quiere decir que usted puede ser objetivo y lógico; el rojo indica ira intensa e irracional. En el medio, se encuentra lo que llamamos la zona amarilla; la persona se siente enojada con el otro pero puede ejercer control sobre sus pensamientos y acciones. Todavía puede permitir que su compañero o compañera sepa que está enojado y que necesita expresarlo, pero no a costa de la relación.

Cuando una persona se traslada de la zona amarilla a la zona roja, todos los síntomas de la zona amarilla se han intensificado. Este enojo «rojo» se caracteriza por atacar al otro en lugar de atacar el problema, por ser irracional, por lanzarse acusaciones, por degradar el carácter del cónyuge y creer que se merece todo lo que la ira del otro reparte a diestro y siniestro. Aquí es donde se pueden producir daños duraderos. La zona azul se caracteriza por exposiciones en calma y por escuchar.[5]

Ponga señales de aviso antes de llegar a la zona de peligro

Es posible aprender a identificar en qué zona está y hacérselo saber a su cónyuge en el momento, y también identificar hacia qué zona se dirige. Como dijo un esposo: «Me estoy moviendo entre el amarillo y el rojo, y no me gusta ninguno de los dos. Me quiero librar de lo que siento y trasladarme a la zona azul de "por favor, escúchame"».

Algunas parejas hacen pequeñas banderitas y las pinchan en un punto predeterminado para denotar el nivel de su enojo. (Algunos han convertido esto en un proyecto familiar en el cual cada miembro de la familia tiene su juego de banderas. Cada persona tiene consigo su juego de banderitas durante una discusión o desacuerdo y levanta la bandera apropiada para hacerles saber a los demás el nivel de su enojo.) Cuando una persona ha elegido usar las banderas para transmitir un mensaje acerca de su enojo, tiene algún control sobre sus emociones.

¿Cómo puede hacer para que el enojo no se intensifique en su matrimonio? David Viscott sugiere 10 pasos prácticos que muchas parejas han usado con éxito. Estas pautas pueden darle resultado, pero debe estar dispuesto a implementarlas haga lo que haga su cónyuge. Su comportamiento no depende de la acción del otro. Si es así, ha elegido caer bajo su control. Recuerde, practique estos pasos aunque su cónyuge no lo haga.

1. No espere a que se le acumulen los sentimientos. Exprese su dolor, su temor o su frustración tan pronto como se dé cuenta.

2. Asegúrese de hablar en el estilo de lenguaje de su cónyuge. Si su compañero o compañera usa pocas palabras (es alguien que condensa) en su estilo de comunicación, sea breve. Si a él o a ella le gusta ampliar y explicar (es alguien que expande), ofrézcale detalles e información suficiente.

3. Cuanto más espere para expresar sus sentimientos, más tiempo le llevará resolverlos. Por lo tanto, usted decide si desea una discusión larga o breve. Tiene una elección en el asunto.

4. No insinúe y ni siquiera dé a entender que su cónyuge tiene una segunda intención o que no es digno de confianza. Si lo hace, el otro no lo escuchará más.

5. Cualquier intento para hacer que su compañero o compañera se sienta culpable se le volverá en su contra. Su propósito es resolver.

6. Escoja una actitud que diga que resolverá el problema y que con el tiempo habrá un resultado positivo.

7. Si su cónyuge lo ataca o hace comentarios personales, no invierta tiempo y energía en responder. Déjelos de lado y mantenga su objetivo.

8. Si generaliza o adorna los hechos (miente un poco), deténgase y corríjase. Utilice frases tales como: «Lo siento, lo que quise decir y lo que es más objetivo es...». Cada vez que se dé cuenta de que sus declaraciones no son de lo mejor, corríjase y admita lo que ha hecho. No hay problema en decir: «Me equivoqué en lo que dije»; «Estaba tratando de vengarme de ti porque...»; «Admito que estaba tratando de herirte y lo siento»; «Estaba molesto por otra cosa y me descargué contigo».

9. No dé ultimátums durante sus discusiones. Aunque sea necesario, este no es el mejor momento, y refleja un problema de control o una lucha de poder. Los ultimátums rara vez dan resultado.

10. Ahora, usted es el responsable de escribir otras tres pautas que le parezcan que serán positivas y de ayuda. Si desea que esta lista de pautas funcione, léala en voz alta todos

los días durante tres semanas y descubrirá que se produce un cambio.[6]

El sabio rey Salomón nos recuerda que controlar el enojo demuestra cordura: «La cordura del hombre detiene su furor, y su honra es pasar por alto la ofensa» (Proverbios 19:11).

Acepte las emociones

El enojo siempre formará parte aun de las relaciones interpersonales más saludables. Cuanto más íntima sea la relación, más posibilidades hay de herir, lo cual puede llevar a la ira. La gente le tiene temor al enojo porque le asusta el dolor que puede traer.

El enojo expresado directamente es mejor que el camuflado. Compartir abiertamente su enojo no es lo mismo que ser una persona que está enojada. Cuando se expresa de manera saludable, sin insultar, el enojo es aceptable.

He visto a algunos hombres y a algunas mujeres que se sentían tan incómodos con su enojo que lo dejaban salir en forma de risa —una risa nerviosa— y luego hacían el intento de retraerse de la otra persona. Esta gente no se siente cómoda con su propio enojo y no se tienen la suficiente confianza como para expresar de una manera objetiva cómo se sienten. La mayor parte de las veces, su temor a expresarse es temor al conflicto.

Hace poco, escuché a alguien decir que cada vez más matrimonios hoy en día mueren de silencio y no de violencia. Silencio. Sentimientos reprimidos. Frialdad. Emociones reprimidas que siguen viviendo y bullendo en el interior son las que hacen más daño.

¿Cómo podemos saber lo que siente o piensa una persona si está congelada como un témpano de hielo? Necesitamos sentir nuestro enojo y luego revelarlo. Cuando mantenemos el control y expresamos el enojo de la manera apropiada, el conflicto disminuye.

Cuando las heridas se han acumulado en un matrimonio durante un período de años, el contenedor del enojo generalmente se encuentra bastante lleno y es difícil vaciarlo. En un esfuerzo por vaciar el contenedor del enojo, muchas veces les he pedido a mis clientes que le escriban una carta a su cónyuge (que *no* enviarán por correo) y que compartan sus sentimientos con esa persona. La carta no solo incluye el enojo sino también los sentimientos originales que lo generaron. Les sugiero que luego de que hayan escrito esta porción de la carta, escriban lo que realmente desean de la relación y sugieran pasos para reconstruir una relación estrecha.

Este último paso, es el más difícil, ya que implica afirmar que perdona a la otra persona o que quiere llegar al punto de perdonarla. Una vez que la carta esté completa, el individuo tiene la posibilidad de leerla en voz alta en el hogar o de traerla a la oficina y leérmela a mí. Si la lee en voz alta en su casa, debe ir a una habitación, cerrar la puerta y poner dos sillas una frente a otra. Mientras está sentado en una silla, la persona supone que su cónyuge se encuentra en la otra silla. Ambos procesos —ya sea leer la carta en mi oficina o leerla en casa— son una manera saludable de vaciar el contenedor de enojo y de no suscitar el antagonismo del cónyuge. Entonces, la persona debe considerar qué hará la próxima vez que surja el problema para controlar su enojo y usarlo de manera saludable y constructiva.

El enojo es parte de la vida y siempre lo será, porque Dios nos creó con nuestras emociones. Mire su enojo tal como es: una respuesta a otros sentimientos. Y recuerde que puede mantener el control. ¡Puede cambiar!

Cosas que cambiarán su vida

Puede controlar su enojo si:

1. Identifica el verdadero sentimiento que se encuentra detrás de él.

2. Aplica la Palabra de Dios a su enojo.

3. ¡Demora la reacción ante el mismo!

¿Cuál es su plan?

1. ¿Qué cambios específicos quiere hacer al tratar con su enojo?

2. Describa el plan que implementará esta semana para que se produzcan estos cambios.

3. Repase este capítulo y haga una lista de puntos específicos que lo ayudarán al máximo.

4. Describa cómo le gustaría que su cónyuge orara por usted.

Notes

1. Richard P. Walters, *Anger: Yours and Mine and What to Do About it* [El enojo: el suyo y el mío, y qué hacer al respecto] (Grand Rapids, Mich.: Zondervan Publishing House, 1981), pág. 139.

2. Carol Travis, *Anger—The Misunderstood Emotion* [El enojo: la emoción incomprendida] (Nueva York: Simon&Schuster, 1982), págs. 220, 221, adaptado.

3. Aaron T. Beck, *Love Is Never Enough* [El amor nunca es suficiente] (Nueva York: Harper&Row, 1988), págs. 272-274, adaptado.

4. Ibíd. págs. 270-274, adaptado.

5. Ibíd. págs. 274-276, adaptado.

6. David Viscott, *I Love You, Let's Work It Out* [Te amo, desarrollemos nuestro amor] (Nueva York: Simon&Schuster, 1987) págs. 177, 178, adaptado.

LA CLAVE PARA RESOLVER
CONFLICTOS

¿De dónde vienen las guerras y los pleitos entre vosotros? ¿No es de vuestras pasiones, las cuales combaten en vuestros miembros? Codiciáis, y no tenéis; matáis y ardéis de envidia, y no podéis alcanzar; combatís y lucháis, pero no tenéis lo que deseáis, porque no pedís. Pedís, y no recibís, porque pedís mal, para gastar en vuestros deleites (Santiago 4:1-3).

Estas fuertes palabras fueron escritas a cristianos hace muchos años, sin embargo, hoy en día siguen siendo aplicables. Muchos matrimonios se caracterizan por las constantes peleas y discusiones en lugar de caracterizarse por la paz y la armonía. Las parejas que han llegado a la armonía no son aquellas que son idénticas en su forma de pensar, en su comportamiento y en sus actitudes: no son una copia carbónica el uno del otro. Estas parejas han aprendido a tomar sus diferencias pasándolas por el proceso de la aceptación, de la comprensión y, finalmente, de la complementación. Han aprendido a hablar el lenguaje del otro. Han aprendido la exclusividad de sus personalidades y de cómo ajustarse el uno al otro.

Como cada persona es única y lo que cada uno trae al matrimonio es único, el conflicto va a surgir. Habrá numerosos conflictos a lo largo de la vida matrimonial, y esto no es malo, es normal. El verdadero problema es cómo responde a los conflictos y cómo trata con ellos.

Definamos la palabra «conflicto»: 1. Combate, lucha, pelea. 2. Problema, cuestión, materia de discusión.[1]

Una de las maneras tradicionales en que las parejas aprenden a tratar con los conflictos es suprimirlos: tratar de olvidarlos, barrerlos debajo de la alfombra o hacer caso omiso de ellos. Estas llamadas buenas maneras se han igualado a las virtudes de ser un cristiano. Sin embargo, enterrar conflictos, lo único que hace es construir resentimientos que agotan nuestra energía y que transforman toda la percepción que tenemos de la vida diaria. Cuando se entierran diferencias, se entierran vivas y con el tiempo resucitarán.

Algunas parejas manejan los conflictos expresándose los sentimientos sin reservas. Para algunos, este enfoque se parece a la guerra. Se acumulan las olas de ataque una tras otra y la intensidad aumenta. Llega el momento en que toda la basura de adentro sale por la boca, se activan recuerdos que harían sentir vergüenza a la memoria de un elefante, y el resultado final es la frustración total. Durante este tiempo, cada cónyuge asume el papel de un hábil abogado, dispuesto no solo a declarar culpable al otro sino a verlo en prisión (¡y en algunos cosas colgado de la horca!).

¿Qué piensa?

1. ¿Qué conflictos importantes ha experimentado en su matrimonio?
2. ¿Cómo se las ha ingeniado para resolver los conflictos en el pasado?
3. ¿A qué punto las diferencias de personalidad entre usted y su cónyuge han contribuido a los conflictos?

Muchas parejas afirman que lo que más les duele en cuanto al conflicto es la constante pelea. Otras dicen que evitan el conflicto, si es posible, debido a la enseñanza bíblica concerniente a la pelea. Pero, ¿qué dice la Biblia acerca del conflicto? ¿Qué dice acerca de las peleas? ¿Conflicto y pelea son sinónimos? No exactamente. Muchos conflictos se manejan y se resuelven sin peleas.

Se ha definido a una pelea como una lucha verbal en la cual las emociones de enojo están bajo control, y la pareja no trata con el problema sino que en cambio se atacan el uno al otro. La Escritura nos dice que no nos involucremos en peleas: «Honra es del hombre dejar la contienda; mas todo insensato se envolverá en ella» (Proverbios 20:3). «El carbón para brasas, y la leña para el fuego; el hombre rencilloso para encender contienda» (Proverbios 26:21). Consideremos algunas suposiciones básicas acerca del conflicto.

El conflicto es un fenómeno natural y, por lo tanto, inevitable. El conflicto surge en parte porque todos nosotros percibimos a la gente y a las situaciones de manera diferentes. Estas diferentes percepciones dan lugar a distintas opiniones y elecciones que pueden causar conflicto. Y el conflicto es inevitable entre personas que se interesan la una en la otra y que desean desarrollar una relación más profunda. Dwight Small dice:

> Los conflictos más frecuentes que experimentan los esposos son verbales. El conflicto verbal en sí no es malo; cualquier daño que cause depende de la madurez de las dos personas que se encuentren involucradas en el conflicto. Una disparidad verbal puede llegar a fines totalmente diferentes y algunos de ellos son saludables y buenos. El conflicto puede abrir las puertas de la comunicación pero también puede cerrarlas. Como realidad en el matrimonio, el conflicto se puede manejar de manera creativa para bien; es parte del proceso de crecimiento. ¡Jamás desestime sus posibilidades positivas!... En un matrimonio cristiano, el conflicto —que demanda confesión,

> **La mayoría de los conflictos no se tratan abiertamente porque a la mayoría de las personas no se les han enseñado maneras efectivas de resolver el conflicto.**

perdón y reconciliación— es un medio que Dios usa para enseñarnos humildad.»[2]

El conflicto indica una privación en algún valor o necesidad personal. Todo ser humano tiene algunas necesidades muy básicas. William Glasser sugiere que las más básicas son la necesidad de amar y de ser amado y la necesidad de sentirse valioso. Abraham Maslow describe una jerarquía de necesidades: Luchamos por suplir nuestras necesidades sicológicas en primer lugar, luego nuestra necesidad de seguridad, luego la necesidad de amor y de pertenencia, la necesidad de estima y la de satisfacción de nuestras necesidades. Cuando tenga un conflicto con su cónyuge, pregúntese cuál de sus necesidades no está siendo satisfecha.

Los conflictos generalmente son como síntomas de necesidades subyacentes. Cuando la gente se encuentra en medio de un conflicto, generalmente tiene alguna necesidad sin resolver. Es probable que resolviendo el conflicto no se resuelva el problema. Es mejor mirar debajo del síntoma para descubrir cuál es la necesidad que la persona está luchando por satisfacer y resolverla en lugar de ocuparse solo del síntoma.

La mayoría de los conflictos no se tratan abiertamente porque a la mayoría de las personas no se les han enseñado maneras efectivas de resolverlo. Muchas parejas pasan por alto los conflictos menores para no sacudir el bote. Cuando surge un conflicto mayor, la gente tiende a evitarlo porque no han aprendido cómo tratar con los conflictos menores. No han desarrollado las habilidades necesarias resolviendo problemas menores.

Recuerdo la historia de Fred, un contratista paisajista. Su primer trabajo fue quitar una gran protuberancia del tronco de un roble en un campo. Fred tuvo que usar dinamita. El único problema era que nunca antes la había usado. Estaba un poco nervioso al respecto, especialmente con aquel viejo granjero observando cada uno de sus movimientos. Por lo tanto, trató de obtener el máximo efecto. No deseaba utilizar una cantidad pequeña que lo obligara a hacerlo de nuevo, pero tampoco deseaba usar demasiada. Abordó el problema de manera científica.

Cuando se encontraba listo para detonar la carga, Fred y el granjero se fueron detrás de la camioneta desde donde salía un cable que iba hacia el detonador. Miró al granjero, elevó una plegaria, y accionó el detonador. Dio resultado... demasiado resultado. El pedazo de tronco se desprendió de la tierra, salió volando por el aire formando un arco y luego cayó en picada justo encima de la cabina de la camioneta. A Fred se le encogió el corazón, y no podía pensar en otra cosa que no fuera la cabina arruinada. No sucedió lo mismo con el granjero. Estaba asombrado y admirado. Dándole unas palmadas en la espalda le dijo a Fred: «No estuvo mal. ¡Con un poco más de práctica acertarás en el blanco todas las veces!»

El conflicto proporciona la oportunidad de crecer en una relación. Es como la dinamita. Puede servir de ayuda si se lo usa de la manera correcta pero también puede ser destructivo en el momento inadecuado o de la manera inadecuada. A través del conflicto, una persona puede compartir sus diferencias con otro individuo. Enfrentar el conflicto es también una manera de poner a prueba los recursos y la fuerza que uno tiene. Cada persona en una situación de conflicto traerá una o más opciones a la discusión. A estas se las puede explorar juntos, y cada persona puede aprender de la otra. Cuando se resuelve el conflicto, es probable que ambos individuos hayan crecido.

Nuevamente, el doctor Small afirma: «Los desacuerdos llegan y se los debe tratar de una manera o de otra... También debemos hacer la salvedad de que una cosa son los desacuerdos y otra muy distinta es comportarse de manera desagradable».[3]

Los conflictos no resueltos interfieren con el crecimiento y las relaciones satisfactorias. Cuando no se resuelven los conflictos, se levantan barreras. Tenemos la tendencia a ponernos a la defensiva para que no nos hieran. Una reacción defensiva pone mucha tensión sobre una relación.[4]

Jesús experimentó el conflicto. Se encontraba en constante conflicto con los líderes religiosos de Judea. Querían derrotarlo y librarse de él. Juan 8:2-7, 9-11 es el relato de uno de los conflictos entre Jesús y los líderes religiosos:

> Y por la mañana volvió al templo, y todo el pueblo vino a él; y sentado él, les enseñaba. Entonces los escribas y los fariseos le trajeron una mujer sorprendida en adulterio; y poniéndola en medio, le dijeron: Maestro, esta mujer ha sido sorprendida en el acto mismo de adulterio. Y en la ley nos mandó Moisés apedrear a tales mujeres. Tú, pues, ¿qué dices? Mas esto decían tentándole, para poder acusarle. Pero Jesús, inclinado hacia el suelo, escribía en tierra con el dedo. Y como insistieran en preguntarle, se enderezó y les dijo: El que de vosotros esté sin pecado sea el primero en arrojar la piedra contra ella.... Pero ellos, al oír esto, acusados por su conciencia, salían uno a uno, comenzando desde los más viejos hasta los postreros; y quedó solo Jesús, y la mujer que estaba en medio. Enderezándose Jesús, y no viendo a nadie sino a la mujer, le dijo: Mujer, ¿dónde están los que te acusaban? ¿Ninguno te condenó? Ella dijo: Ninguno, Señor, Entonces Jesús le dijo: Ni yo te condeno; vete, y no peques más».

Jesús no huyó de esta confrontación. Ni tampoco cedió a las demandas de los escribas y de los fariseos o transigió. Los obligó a considerar una alternativa de misericordia para con la mujer.

Diferentes estilos de manejar un conflicto

Todos nosotros, luego de entrar al matrimonio, desarrollamos un estilo para tratar con el conflicto. Podemos suponer que nuestro cónyuge manejará el conflicto de manera similar, pero existen muchas otras maneras de hacerlo. Estas diferencias se encuentran en el meollo de la mayoría de los conflictos.

David y Vera Mace sugieren que el proceso del conflicto se parece al Diagrama 1.

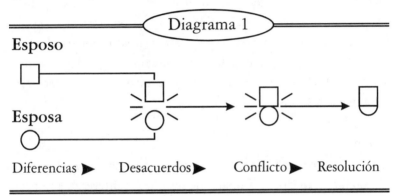

Diagrama 1

Esposo

Esposa

Diferencias ▶   Desacuerdos ▶   Conflicto ▶   Resolución

Primero vemos la diferencia entre el esposo y la esposa, ilustrada por diferentes formas: un cuadrado y un círculo. Luego vemos las diferencias en sus deseos que se acercan como resultado del anhelo de involucrarse el uno con el otro, lo cual lleva al desacuerdo: cada uno le pide al otro que renuncie.

Si continúan confrontándose el uno al otro en un estado de desacuerdo, surge en ambos la frustración y se desarrolla un estado de acaloramiento emocional. Esto es el conflicto. Se acercan a un choque de voluntades, a una discusión, una pelea.

Lo que hagan a continuación es crucial. Si no pueden tolerar el conflicto, lo franquearán y volverán al punto de partida. La diferencia continúa sin resolverse. En el futuro, se reconoce el desacuerdo pero se lo evita, y se repremen los sentimientos de frustración. Se abandona el intento de involucrarse más profundamente el uno con el otro en ese aspecto particular de la relación».[5]

Retraerse

Si tiene la tendencia a ver al conflicto como algo inevitable, sobre lo cual puede hacer muy poco para controlarlo, entonces, tal vez, ni deba molestarse intentándolo. Se puede retraer de manera física saliendo del cuarto o del ambiente, o se puede retraer sicológicamente no hablando, no haciendo caso de la situación o aislándose a tal punto que lo que se dice o sugiere no tiene poder de penetración. Muchas personas utilizan el recurso de retroceder para protegerse a sí mismos.

Ganar

Si el concepto que usted tiene de sí mismo se ve amenazado o siente con fuerza que debe ocuparse de sus propios intereses, entonces ganar será su opción. Si tiene una posición de autoridad y se ve amenazada, el contraataque es ganar. No importa cuál sea el costo, ganar es el objetivo.

La gente emplea muchas tácticas diferentes para ganar. Como las parejas casadas conocen muy bien las áreas de vulnerabilidad del otro o cómo pueden herirlo, generalmente utilizan estas áreas para obligar a la otra persona a ceder a sus demandas. Los ganadores pueden atacar la autoestima o el orgullo para ganar. Pueden almacenar rencor y utilizarlo en el momento apropiado para hacerse cargo del conflicto. Pueden sacar provecho de viejas emociones y heridas en el momento oportuno. Almacenar rencores es otra forma de venganza y por cierto no refleja una demostración cristiana de perdón.

Si su estilo es ganar, conteste las siguientes preguntas:

1. ¿Ganar es necesario para construir o mantener su autoestima o una imagen fuerte de usted mismo?

La gente necesita tener una autoestima sólida para encontrar satisfacción en la vida y en su matrimonio. Pero, ¿sobre qué cimiento se construye esta autoestima? Si una persona es insegura o duda de sí misma, por lo general se crea una falsa imagen para engañar a los demás y, en el proceso, se confunde a sí misma. Darle la razón a otra persona, rendirse o perder un debate o discusión es una fuerte amenaza para los sentimientos que la persona tiene acerca de sí misma, y así lucha para que esto no suceda. La persona autoritaria por lo regular no es tan segura como lo representa su imagen. Darle la razón a otro es una señal de debilitamiento de su posición.

2. ¿Ganar es necesario porque confunde los deseos con las necesidades?

El cónyuge que siente que necesita algo puede ser más exigente en obtenerlo que si solo lo desea. ¿Sabe distinguir entre necesidades y deseos? Es probable que lo que a usted le parece una necesidad en la vida, a su compañero o compañera le parezca un deseo. ¿Cómo hace para saber si algo es verdaderamente necesario?

Ceder

A menudo vemos carteles con la indicación de ceder en las autopistas; esas señales están puestas allí para nuestra propia protección. Si cedemos en un conflicto, también nos protegemos a nosotros mismos. No deseamos correr el riesgo de tener una confrontación, por lo tanto, cedemos para ponernos de acuerdo con nuestro cónyuge.

Todos abordamos este enfoque de vez en cuando, pero, ¿ceder es una práctica regular en usted? Si uno siempre cede, se puede llegar a sentir una víctima o, con el tiempo, culpar a su cónyuge. Hasta encontramos a algunos individuos que necesitan perder en un conflicto marital. Ceder es una manera de hacer esto guardando las apariencias. Al ceder, se da la apariencia de que se tiene el control y que uno es el que se está comportando de la manera más cristiana.

Transigir

Otro método de tratar con el conflicto es transigir, o dar un poquito para recibir un poquito. Ha descubierto que es importante respaldar algunas de sus ideas o demandas para ayudar al otro a ceder un poco. No desea ganar todo el tiempo, pero tampoco desea que la otra persona gane todo el tiempo. Este enfoque implica concesiones de parte de los dos lados y se le ha llamado la técnica del tire y afloje.

Resolver

Cuando se utiliza el estilo de resolver en un conflicto, se usa la comunicación abierta y directa para cambiar una situación, una actitud o un comportamiento. La pareja está dispuesta a pasar el tiempo suficiente trabajando sobre la diferencia de tal manera que, a pesar de que algunos de sus deseos e ideas originales hayan cambiado, están muy satisfechos con la solución a la cual han arribado.

El diagrama 2 muestra una manera de diagramar los cinco estilos que se emplean para tratar un conflicto.

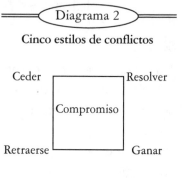

Diagrama 2

Cinco estilos de conflictos

¿Cuál es el método mejor o ideal para tratar un conflicto? Cada uno tiene un elemento efectivo en ciertas situaciones. Algunas veces, transigir no es lo mejor, mientras que ganar sí puede serlo. Ceder en ciertas ocasiones puede ser un acto puro y verdadero de amor y preocupación. Pero el estilo ideal en el que trabajamos juntos es el de resolver problemas.

Veamos el diagrama 3.

Como verá, al diagrama 3 se le han añadido algunas palabras descriptivas nuevas. Cuando una persona utiliza el *retraimiento* como su modelo normal para tratar el conflicto, la relación sufre y es difícil ver que se satisfagan las necesidades. El retraimiento es el estilo que menos ayuda para tratar un conflicto. La relación se ve impedida de crecer y desarrollarse.

Si este es su estilo, piense por qué se retrae. No es una demostración bíblica de sumisión o humildad. A menudo, este método se emplea como consecuencia del temor que se le tiene a la otra persona, del temor que se siente a la falta de habilidades propias e incluso del temor al éxito.

Ganar consigue el objetivo del individuo pero al mismo tiempo sacrifica la relación. La persona puede ganar la batalla pero perder la guerra. En un matrimonio, las relaciones personales son más importantes que el objetivo, y ganar puede ser una victoria hueca.

Ceder tiene un alto valor porque parece que construye la relación, pero las necesidades o los objetivos personales se sacrifican al ceder, lo cual puede alimentar el resentimiento. Ceder no construye la relación tanto como algunos creen. Si la relación fuera tan importante, una persona estaría dispuesta a compartir, a confrontar y a convertirse en una persona firme sin ser agresivo.

Transigir es un intento por hacer que la relación funcione y lograr la satisfacción de algunas necesidades. Las negociaciones que implica pueden significar que se están comprometiendo algunos valores. Se puede encontrar con que el resultado final no lo satisface, pero es

MUCHAS VECES, CUANDO HABLO CON PAREJAS ACERCA DE SUS CONFLICTOS, SU ATENCIÓN ESTÁ CONCENTRADA EN LO QUE CREA EL CONFLICTO. QUIÉN COMENZÓ PUEDE NO SER TAN IMPORTANTE COMO POR QUÉ Y CÓMO TERMINÓ. CUANDO PUEDE DESCUBRIR CÓMO TERMINAN LOS CONFLICTOS, PUEDE EMPLEAR ESTAS TÉCNICAS MUCHO MÁS CONSCIENTEMENTE EN EL FUTURO.

mejor que nada. En realidad esto puede amenazar la relación. Puede existir una sensación de descontento a continuación del arreglo.

Resolver el conflicto es el ideal hacia el cual todas las parejas se deben sentir animadas a llegar. La relación se fortalece cuando los conflictos se resuelven y se satisfacen las necesidades de ambas partes. Lleva más tiempo e implica escuchar y aceptar, pero lo que se puede lograr a través de la resolución edificará la relación aun más y mostrará una mayor preocupación por la relación que los demás métodos.

Cuando se trata el conflicto resolviéndolo, es probable que usted cambie en el proceso, pero se siente feliz por ese cambio. Como Jesucristo está presente en su vida, puede librarse de los temores e inseguridades. Puede tener una nueva osadía y un nuevo valor para enfrentar los problemas de la vida y, de una manera amorosa, confrontar a otras personas que se encuentran a su alrededor. A algunos les parece que les resulta imposible cambiar, pero la Palabra de Dios dice: «Todo lo puedo en Cristo que me fortalece» (Filipenses 4:13).

Disparadores para suspender las hostilidades

Algunas veces, los conflictos parecen consumir el tiempo y la atención de una pareja. Esta gasta su energía haciendo hincapié en lo mismo y refunfuñando en sus épocas de conflicto. Algo que es determinante es comenzar a fijarse qué *diferencia* hay con los tiempos en que los dos se llevan bien. Fíjese qué es lo que hace de manera diferente durante esos tiempos comparado con las épocas en las que no se llevan bien. Esta pudiera ser la clave que necesita para tener menos problemas en el futuro.

Preste mucha atención a cómo terminan los conflictos

Muchas veces, cuando hablo con parejas acerca de sus conflictos, su atención está concentrada en lo que *crea* el conflicto; pero a mí me gusta saber cómo *termina*. Quién comenzó puede no ser tan importante como *por qué* y *cómo* terminó. Cuando puede descubrir cómo terminan los conflictos, puede emplear estas técnicas mucho más conscientemente en el futuro. Cuando traslada su atención a la conclusión de los sucesos del conflicto en lugar de concentrarse en el comienzo, puede descubrir por qué y cómo comenzó.

Identifique dónde tienen lugar los conflictos

Existen otros diversos pasos que pueden romper el ciclo de conflicto en un matrimonio. En primer lugar, identifique *dónde* suceden la mayoría de los conflictos: ¿en algún lugar en especial?, ¿en la mesa de la cocina?, ¿en el automóvil?, ¿en el dormitorio? Descubra dónde tienen lugar y cambie la ubicación. Tome como política comenzar las discusiones en un lugar diferente.

Una pareja se puso de acuerdo en que cada vez que se estuvieran acercando a un conflicto, irían al baño para continuar allí. Generalmente comenzaban a reírse, lo cual los ayudaba a comenzar a resolver el problema.

Identifique cuándo se producen los conflictos

El siguiente paso es descubrir *cuándo* se producen los conflictos. Una vez que lo haya establecido, póngase de acuerdo para no discutir los problemas en ese momento. A muchas parejas les ha ayudado planificar el tiempo para discutir los problemas que sabían que encerraban posibles conflictos. Algunas parejas hasta han creado una estructura con reglas, como la de establecer un medidor de tiempo (no puedes hablar más de treinta segundos), parafrasear en voz alta lo que ha escuchado que dijo su cónyuge (para su satisfacción) antes de poder hablar y tomarse de las manos durante la discusión.

Identifique cómo distender un conflicto

Otra pareja compró un par de caretas con narices y lentes plásticos. Cada vez que les parecía que se aproximaba un conflicto, los dos se ponían la careta. Invariablemente se rompía el modelo del conflicto.

Una pareja desarrolló el hábito de predecir cada noche si el día siguiente sería bueno o malo. Al final del día debían hacerle saber a su cónyuge si había sido un día bueno o malo. Al hacer esta predicción, la idea de poder tener un buen día era más que una posibilidad.[6]

Los pasos para resolver el conflicto

Puede ser que haya decidido que le gustaría usar la *resolución* como su estilo para enfrentar el conflicto, pero se pregunta qué hacer para ponerlo en práctica. Aquí le presentamos una sugerencia para ayudarlo a moverse hacia la resolución. Estas sugerencias darán resultado si pasan tiempo, hacen el esfuerzo y perseveran. Como el conflicto se relaciona con el proceso de comunicación, y como es imposible separar a los dos, muchas de las sugerencias son principios básicos de la comunicación. No necesariamente se han enumerado en orden de importancia.

Háblele en forma directa y personal a la otra persona. No suponga que el otro sabe lo que usted está pensando o lo que siente. En todo caso, suponga que la otra persona sabe muy poco y que esta es la primera vez que tratan con el problema. «El que reprende al hombre, hallará después mayor gracia que el que lisonjea con la lengua» (Proverbios 28:23).

Sea honesto en sus declaraciones y preguntas. Efesios 4:15, 23 es un pasaje importante para poner en práctica, tanto en lo que se refiere a hacer declaraciones como a hacer preguntas. Cuando hace una pregunta, ¿su cónyuge tiene la libertad de compartir una respuesta honesta, aunque usted no esté de acuerdo con esa respuesta? Si le parece que su compañero tiene un doble mensaje detrás de su pregunta o que existe un motivo previo, responda simplemente sin hacer dobles lecturas. No se quede atrapado en la lectura de la mente o en adivinar una segunda intención.

Transforme sus preguntas en afirmaciones. Con mucha frecuencia, en un conflicto, uno u otro se siente como si estuviera participando de una inquisición.

Concéntrese en las expectativas deseadas o en los cambios positivos en lugar de hacerlo en las faltas, los defectos o lo que desearía evadir. Esto les ayuda a los dos a ser conscientes de lo que resulta gratificante y de ayuda para el otro. Aunque usted no lo crea, es más fácil, desde el punto de vista sicológico, comenzar nuevos comportamientos que abandonar los viejos. No pida disculpas por lo que siente o lo que necesita.

Cuando comparta qué es lo que desea, *presente su pedido en forma de preferencia* más que de necesidad.

Cuando sienta que su cónyuge no lo ama, *inicie un comportamiento de amor hacia él o ella.* Si comienza a realizar actos de amor, probablemente, su cónyuge actúe de manera más amorosa hacia usted, pero si no lo hace, no hay problema; el acto suyo de amor puede llenar algunas de sus propias necesidades y ser una demostración del amor de Cristo.

Utilice la primera persona (yo) en sus oraciones en lugar de la segunda (tú) y comparta sus sentimientos presentes en lugar de sus pensamientos y sentimientos pasados.

Seleccione un tiempo apropiado. «El hombre se alegra con la respuesta de su boca; y la palabra a su tiempo, ¡cuán buena es!» (Proverbios 15:23).

Defina el problema. ¿Cómo define usted el problema y cómo lo define su cónyuge? Puede sugerir que ambos dejen de hablar y escriban exactamente lo que están tratando de resolver.

Defina las áreas de acuerdo y de desacuerdo en el conflicto. Compartan primero aquellas cosas en las que están de acuerdo, y luego pregunte en qué está en desacuerdo el otro. Escribir las áreas de acuerdo y de desacuerdo en un papel ayuda a clarificar la situación.

Aquí viene la parte difícil. *Identifique su propia contribución al problema.* Hay pocos problemas que se generan en uno solo de los cónyuges, pero la mayoría tienen contribuciones de ambos lados. Cuando usted acepta algo de responsabilidad en un problema, la otra persona ve la voluntad de cooperar y probablemente esté mucho más abierta a la discusión.

El próximo paso es *decir de manera positiva cuáles comportamientos de su parte probablemente ayudarían; esté dispuesto a preguntar cuál es la opinión del otro.* En la medida que su cónyuge le comparte sus cosas, esté abierto a sus sentimientos, observaciones y sugerencias.

¿Cuál es su plan?

1. ¿Cuál de los cinco métodos para tratar con un conflicto ha usado?
2. ¿Qué cambiaría en el futuro para resolver los conflictos de una manera más saludable?
3. ¿Cómo le gustaría que su cónyuge orara por usted durante la siguiente semana?

Notas

1. James G. R. Fairfield, *When You Don't Agree* [Cuando no están de acuerdo] (Scott-dale, Penn.: Herald Press, 1977), pág. 18.
2. Dwight Harvey Small, *After You've Said «I Do»* [Después de haber dicho: «Sí, acepto»] (Grand Rapids, Mich.: Fleming H. Revell, 1968), pág. 130.
3. Ibíd., pág. 139.
4. Gladys Hunt, *Honey for a Chid's Heart* [Miel para el corazón de un niño] (Elgin, Ill.: David C. Cook Publishing Co., 1977).
5. David y Vera Mace, *We Can Have Better Marriages If We Really Want Them* [Podemos tener mejores matrimonios si realmente lo deseamos] (Nashville, Tenn.: Abingdon Press, 1974), págs. 88-90.
6. Michele Werner-Davis, *Divorce Busting* [La ruptura del divorcio] (Nueva York: Summit Books, 1992), págs. 1-36, 149, 150, 159, 160, adaptado.

ESCALA DE SATISFACCIÓN

Instrucciones

Responda las siguientes once preguntas. Luego llene la Escala de Satisfacción. Una vez que los dos hayan completado estos dos ejercicios, elijan un momento en el que puedan estar juntos en privado para compartir las respuestas. Para poder cubrir todos los temas es probable que se requieran dos o tres sesiones. Asegúrese de concentrarse en lo que desea y en lo que puede hacer en el futuro.

1. Describa cuánto tiempo significativo pasan juntos como pareja y cuándo lo hace.

2. Describa cinco comportamientos o tareas que su compañero hace y que usted aprecia.

3. Haga una lista de las cualidades personales de su cónyuge que usted aprecia.

4. ¿Con cuánta frecuencia elogia a su cónyuge por los comportamientos y cualidades descritos en los puntos 2 y 3.

5. Haga una lista de cuatro pedidos importantes que usted le hace a su cónyuge. ¿Con cuánta frecuencia se los hace? ¿Cuál es la respuesta de su cónyuge?

6. Haga una lista de cuatro pedidos importantes que su cónyuge le hace a usted. ¿Con cuánta frecuencia se los hace? ¿Cuál es su respuesta?

7. ¿Qué es lo que aprecia más de la comunicación de su cónyuge?

8. ¿Cómo le hace saber a su cónyuge que lo ama?

9. ¿Cómo le hace saber su cónyuge que lo ama a usted?

10. ¿Cuál ha sido una de las experiencias más satisfactorias en su matrimonio?

11. ¿Cuáles comportamientos personales o en su relación de pareja le gustaría cambiar?

Apéndice: Escala de satisfacción

Instrucciones

Utilice una X para indicar su nivel de satisfacción en cada elemento de su relación enumerada a continuación. 0= ninguna satisfacción; 5= promedio; 10= súper, fantástica, la mejor.

Utilice un círculo para indicar el nivel de satisfacción que le parece que siente su cónyuge al momento presente.

1. La relación que tenemos diariamente el uno con el otro

0	1	2	3	4	5	6	7	8	9	10

2. Nuestra relación romántica y de afecto

0	1	2	3	4	5	6	7	8	9	10

3. Nuestra relación sexual

0	1	2	3	4	5	6	7	8	9	10

4. La frecuencia de nuestro contacto sexual

0	1	2	3	4	5	6	7	8	9	10

5. La confianza que tengo en mi cónyuge

0	1	2	3	4	5	6	7	8	9	10

6. La confianza que mi cónyuge tiene en mí

0	1	2	3	4	5	6	7	8	9	10

7. La profundidad de la comunicación que tenemos

0	1	2	3	4	5	6	7	8	9	10

8. Hasta qué punto hablamos bien el lenguaje del otro.

0	1	2	3	4	5	6	7	8	9	10

9. Cómo dividimos las tareas

0	1	2	3	4	5	6	7	8	9	10

10. La manera en que tomamos decisiones

0	1	2	3	4	5	6	7	8	9	10

11. La manera en que manejamos los conflictos

0	1	2	3	4	5	6	7	8	9	10

12. El ajuste mutuo a las diferencias

0	1	2	3	4	5	6	7	8	9	10

13. Cantidad de tiempo libre que estamos juntos

0	1	2	3	4	5	6	7	8	9	10

14. Calidad del tiempo libre que pasamos juntos

0	1	2	3	4	5	6	7	8	9	10

15. Cantidad de tiempo libre que pasamos separados

0	1	2	3	4	5	6	7	8	9	10

16. Nuestra interacción con amigos como pareja

0	1	2	3	4	5	6	7	8	9	10

17. Cómo nos apoyamos el uno al otro en tiempos difíciles

0	1	2	3	4	5	6	7	8	9	10

18. Nuestra interacción espiritual

0	1	2	3	4	5	6	7	8	9	10

19. Nuestra relación con la iglesia

0	1	2	3	4	5	6	7	8	9	10

20. El nivel de nuestra seguridad financiera

0	1	2	3	4	5	6	7	8	9	10

21. Cómo manejamos el dinero

0	1	2	3	4	5	6	7	8	9	10

22. La relación de mi cónyuge con mis parientes

0	1	2	3	4	5	6	7	8	9	10

23. Mi relación con los parientes de mi cónyuge

0	1	2	3	4	5	6	7	8	9	10

Seleccione cualquiera de las tres áreas que tenga un puntaje de 3 o menor e indique qué es lo que se necesita para tener un mayor nivel de satisfacción en ella. También discuta de qué manera ha tratado de trabajar en este punto.